新しい 生活様式 働き方 対応

ビジネスマナー100

監修 | NPO法人 日本サービスマナー協会
理事長　　　澤野　弘

著 | NPO法人 日本サービスマナー協会
ゼネラルマネージャー講師　松原　奈緒美

新日本法規

監修のことば

　NPO法人日本サービスマナー協会は、社会生活の中で様々なコミュニケーションを円滑に進めるためのマナーを普及させることを目的として2008年に認可を受け設立されました。

　以来、各種企業や団体等を対象とした研修や、接客サービスマナー検定、敬語力検定などの検定試験実施を通じて社会に対してマナーの普及を図ってきました。

　一言で「マナー」といっても、日常生活やビジネスの場で様々な人とのつながりが関係してきます。

　会社の中では上司や先輩、同僚、後輩、取引先の方々との付き合いというのも非常に大切なものになっています。

　正しい敬語の使い方やそれぞれのビジネスシチュエーションでの振る舞い方など、書店に行けばマナーに関係する書籍はたくさん並んでいます。

　ただ、そんな中で2020年ごろから世界中でパンデミックを起こした新型コロナウィルスをきっかけとして、感染症対策にも配慮した新しい生活様式のマナーというものが求められるようになりました。

　これに合わせて当協会でも社員研修や各種指導などでこの新しい生活様式に基づいた内容に沿って研修等を進めて参りましたが、さらに社会に広めるために、今回ゼネラルマネージャーの松原奈緒美講師にこの書籍の執筆を依頼し、私が監修することになりました。

　もちろん本書に書いてあることが全てではありませんし、様々な状況の中でまた違った対応を求められることも当然出てくるとは思います。

ただ、今までのマナーに関する書籍には書いていなかったような新しい項目もかなり意識して追加されていますので、「マナーは潤滑油」という観点のもとで、ぜひとも本書を参考にして、新しい世界の中で今まで以上に円滑な人間関係を築くコミュニケーションや気配りを進めていただき、社会での生活に活かされんことを心より願っております。

　2022年1月
　　　　　　　　NPO法人日本サービスマナー協会
　　　　　　　　　　理事長　澤野　弘

は じ め に

　本書を手に取っていただき、ありがとうございます。
　読者の皆様に、心より感謝申し上げます。

　新型コロナウィルス感染症流行という世界的な未曾有の状況下で、マナーのアウトプット表現の仕方も変化しました。
　「アフターコロナのマナー」について知りたいといったお声も数多くいただきます。

　「変わるもの」と「変わらないもの」
　社会生活を円滑化するマナーは、社会の変化に合わせてアウトプットの仕方が変わっていくものです。しかし、「マナーの本質」は不変です。

　私は研修や講演で、「マナーは相手起点で考え、行動すること。マナー上手は仕事上手。マナーで仕事が判断される」とお話しします。
　「なぜ、人は相手のマナーで判断するのか？」
　それは、マナーが相手起点で考えた行動だからに他なりません。
　「相手起点で考えた行動＝マナーある行動ができる」ということは、仕事でも相手に寄り添った行動ができると想像するからです。自分自身や企業としてマナーある行動ができれば、スキルやビジネスを、より効果的に相手にプレゼンテーションすることができるのです。

　とはいえ、正しい知識やアウトプットのコツを知らなければ、上手に表現できないこともあります。

　本書では、企業・受講者からいただくことが多い、「新しい生活様式における、ビジネス・日常生活でのマナーに関する100の質問」にお答

えしながら、知識とアウトプット方法を解説しています。

　感染症流行期や、リモートワークなど新しい働き方に合わせた内容も充実しております。

　もうひとつ私がよく皆様にお伝えするのは、「マナーは引き算」ということです。

　状況に合わせて柔軟なアウトプットをするのがマナー上手です。ただし、正しい知識を知って、できる状態にしていなければ、正しい引き算は成立しないのです。

　本書を参考に、よりよいコミュニケーションにつなげていただければと存じます。

　なお、この場をお借りして、本書の企画・出版にあたり、ご尽力いただいた新日本法規出版株式会社ご担当の福岡亮祐様はじめ関係者の皆様に心より感謝申し上げます。

　何より本書が、読者の皆様の「新しい生活様式におけるビジネス・生活でのヒント」になれば幸いです。

　2022年1月
　　　　　NPO法人日本サービスマナー協会
　　　　　ゼネラルマネージャー講師　松原　奈緒美

監修者・著者紹介

≪監修者≫

NPO法人日本サービスマナー協会　理事長

澤野　弘（さわの　ひろむ）

大阪府出身。関西大学商学部卒業。

大学卒業後、トヨタ自動車のセールスを3年間経験した後、映像分野の専門学校へ転職。

その後、語学系専門学校に転職し、学生募集の責任者として様々な企画とWebでの戦略を行い学生募集を成功させる。

2005年に株式会社ワイズプラスを設立。Web戦略をベースとしたホームページ作成やインターネット広告の分野で独自の企画を展開し、専門学校や大学を中心としたクライアントのコンサルティング業務を中心に活動。

また、航空業界を目指す人を対象としたエアラインスクール・エアネットを大阪と東京で開始させる。

2008年より日本サービスマナー協会による「接客サービスマナー検定」を開始させ、その後、インターネットで受験できる「敬語力検定」も開始。

2008年10月には日本サービスマナー協会がNPO法人の認可を受け、現在は東京・名古屋・大阪・福岡を拠点に各種社員研修やマナー講師養成講座などの認定講座を数多く開講している。

主な監修本に「大人の気くばり帖」（学研プラス）、「会話のコツがわかる本」（学研プラス）、「仕事の基本とマナーで面白いほど評価が上がる本」（あさ出版）、「接客サービスマナーベーシックマニュアル」（清文社）など多数。

≪著者≫

NPO法人日本サービスマナー協会　ゼネラルマネージャー講師

松原　奈緒美（まつばら　なおみ）

愛知県出身。

メディア系企業、映画関係企業を経て、フリーアナウンサーに転身後、年間300日以上ステージに立つ。

今まで身につけたスキルと、フリーアナウンサーとして各業界トップクラスの方々と出会った経験から、マナーやコミュニケーションの重要性をより多くの方々にお届けしたいという志のもと、NPO法人日本サービスマナー協会のマナー講師養成講座にてマナー講師認定を取得。

マナー・コミュニケーション領域の専門家として企業・学校、各種イベント、講演などで講師として活動。

2011年9月にNPO法人日本サービスマナー協会ゼネラルマネージャー講師に就任。

「マナー講師養成講座」「プロフェッショナルマナー講師養成講座」で、後進講師の育成や講師認定試験官を担当する。

2012年9月にはEXSIA設立。

講演・研修の年間登壇本数は約150本。これまでの受講者の延べ人数は3万名を超える。

YouTube®で配信したマナー動画の中には50万回超の再生回数を誇る動画もあり、同テーマの配信を行うマナー講師の中ではトップクラスである。

メディア出演、執筆、監修依頼も多数。「芸能人常識チェック〜トリニクって何の肉！？」「くりぃむしちゅーのハナタカ！優越館」「この差って何ですか？」などのテレビ出演や、雑誌、Web、新聞などの各種メディアでも活躍する。

目　次

第1章　新しい働き方におけるビジネスマナー

第2章　新しい生活様式に対応した　　　　　　コミュニケーション

第3章　新しい生活様式に対応した　　お客様応対のマナー

第4章　会食・冠婚葬祭でのマナー

第 1 章

新しい働き方における
ビジネスマナー

2

1．就業をめぐる基本マナー

コロナ禍で、皆様の働き方はどのように変化しましたか？
大きく変化した方もいらっしゃるでしょう。
多様化する働き方の中で、
社内での過ごし方やマナーに戸惑う方も多いようです。

例えば、これまで出社勤務が当たり前でしたが、
リモートワーク導入により出社回数が減少したという方々からは、
出社時のマナーに戸惑うという声も増えました。

また、出社する際には当然、感染対策も重要になってきました。
私どももクライアント様から、
「感染対策でのマナーの変化」
「今後マナーはどのように変わっていくのか？」
「感染症流行期とそうでないときの対応」
といったご質問もたくさんいただきます。

ここでは、就業をめぐる社内での基本的なマナーについて、
従来から大切とされている一般的なビジネスマナー面と、
感染症流行期に大切なポイントを合わせてお伝えします。

◇出退勤時の基本のマナー

1　フレックスタイム制、時差出勤などの注意点は？

　会社でフレックスタイム制や時差出勤が導入されました。周囲と出退勤時間が異なる場合、出勤した際に注意することはありますか？

　また、働き方で気を付ける点はあるのでしょうか？

A　アフターコロナでもスタンダード化する

　フレックスタイム制や時差出勤は、以前からありましたが、コロナ禍で導入が加速しました。今後もスタンダード化していくでしょう。

　フレックスタイム制や時差出勤時でも、基本的なマナーは変わりません。会社で評価を下げる行動は、「当たり前を当たり前にできていない」ことです。身だしなみを整え、余裕を持って出社し、自ら明るく挨拶して一日をスタートしましょう。

フレックスタイム制は自由度が高いからこそコミュニケーションは密に

　特にフレックスタイム制は自由度が高く、出退勤時間も細かく決まっていないため、社内コミュニケーションが取りにくくなる傾向にあります。また、取引先などとも時間が合わず、連携に支障が出やすい傾向にもあります。

　中には、会社側とフレックスタイム制の認識が合っておらず、トラブルが生じたなどというケースもあります。

　このようなことが起こらないようにするためにも、

□ 出勤・退勤の予定時間は会社や周囲と情報共有を忘れない

□ 時間管理はしっかり行う

□ 出勤時間から退勤時間までは仕事をする時間と心得て行動する

□ 通常出勤以上にコミュニケーションは密に取る

などを心掛けましょう。

　また、社内や取引先と時間が合わない場合などは、独断で決めたり、拒否するのではなく、柔軟に対応する姿勢を示しつつ、周囲に相談・連携すると前向きに受け取られ、トラブルを回避できます。

フレックスタイム制・時差出勤ともに余裕を持った計画が大切

　フレックスタイム制や時差出勤では、周囲と出退勤時間が異なるため、上司に承認を得なければならない書類などは、相手が不在で時間がかかるケースもあります。自分の時間だけではなく、相手の時間への配慮も行うことが大切です。そのためには、通常の出勤時以上に周囲への気遣いが必要といえるでしょう。

　また、帰りたいけれどほかの方に気遣って帰れない方もよくいらっしゃいます。周囲にそのような方がいないか注意を払い、互いに連携やフォローをしながら仕事を進めたいものです。

　このような自由度が高い出勤形態では、自己管理力と周囲への配慮ある働き方が大切です。それができなければ業務効率が落ちるおそれもありますので、しっかりした自己管理を行いましょう。

2　通勤時や終業後の注意点は？

 　　業務時間ではないのですが、最近通勤時や終業後の振る舞いにマナーがない方がいるような気がしています。このようなシーンでは、振る舞いに気を付けなくてもよいのでしょうか？

 社会人として企業人として

　たとえ勤務時間外であっても、会社の看板を背負っていることには変わりはありません。節度を守らなければ、会社や仲間にも迷惑をかけることを意識する必要があります。

通勤途中も見られている意識を持つ

　勤務時間外なのに？と思うかもしれませんが、毎日の通勤の様子を見れば、おおよそどの会社の方か分かる場合があります。

　人は見た瞬間から何らかのジャッジはするものです。目に余る状況であれば、当然「○○会社ってこんな会社なんだ」と評価されます。

☐　社会のルールを守る

☐　会社の代表である意識を持つ

☐　情報漏洩などに注意し、会話なども気を付ける

余裕を持った行動を心掛ける

通勤などで気になる行動の一つが、余裕のない行動です。

通勤行動には個性があり、余裕を持った行動ができる方と、常にギリギリ行動をなさる方がいます。どちらが評価されるかといえば、余裕を持った行動ができる方です。

＜ギリギリ行動を取る方の特徴＞

□　面倒くさがりで先延ばしにしやすい

□　集中力がない

さらにギリギリ行動を取ると、事故などのリスクも高まり、安全面にも課題が出てきます。このように、通勤行動などからも、常に仕事を想像して評価されていることを忘れないようにしましょう。

終業後の振る舞いも注意する

終業後も、仕事が終わったからといって、何をしてもよいわけではありません。ニュースなどを見ていても、時々、終業後に羽目を外しすぎた行動でトラブルを招いたケースが出てきます。

最悪の場合、会社の名前が出たり、会社として相手方や、会見などでの謝罪をしなければならなくなるケースもあります。常に、社会人として、企業（組織）の一員としての意識を忘れないように心掛けることが大切です。

Column	出退勤時も感染対策には注意して

出退勤時も感染対策には注意したいものです。自分自身ができる最大限の対策を取り、感染症流行を抑止することも大切なマナーです。アフターファイブも節度を持って行動しましょう。

◇社内での印象の重要性

3　社内での印象を向上させるポイントは？

>
> 上司や先輩などからの社内での印象や評価が悪く、自分が見られたい印象と異なっているようです。どのようなことに気を付ければ、社内での印象が良くなるでしょうか？

印象は評価に直結する

自分ではそんなつもりはないのに、なぜか周囲からの印象や評価が違うという方がいらっしゃいます。

このような方は、非常に損をしています。それぞれのポイントを意識することで、印象をコントロールすることができます。

好印象を心掛けることは仕事の基本

会社は社員の集合体です。一人一人が会社の顔であり、皆様を通して会社は評価されています。だからこそ、社員の印象力を会社は向上したいと考えるのです。

そして、社内・チーム内でも印象は大切です。

「皆様は、どんな方と一緒に仕事がしたいですか？」このような質問をすると、大体の方は「明るい」「挨拶ができる」「素直な方」「チームワークを大切にする方」などのポジティブな印象を挙げます。自分が相手に求めることは、相手も自分に求めることなのです。

印象をコントロールするのも社会人の基本マナー

好印象を与えることは、仕事が円滑に進むために非常に大切なことです。だからこそ、印象をコントロールすることは、仕事の基本マナーといえます。

逆に、それができていなければ、仕事が上手く進まず、自分自身が仕事をしにくい環境を作ってしまうのです。

印象がなぜそんなに大切なのか？

人はその人を認識した瞬間から、ジャッジをスタートします。

お会いした際は目に入った瞬間から、電話なら声を聴いた瞬間です。その時に感じる印象は「初頭効果」といわれ、その後のコミュニケーションに大きな印象を与えるのです。

「最初にどのような印象からスタートするのか？」「常にどのような印象を与えるのか？」を意識して行動しましょう。

Column　　印象と年収は一致する

米国テキサス大学のダニエル・S・ハマーメッシュ教授は、見た目と報酬には一定の関連があるという研究結果を発表しています。ビジネスパーソン7,500名の印象を5段階評価したところ、研究結果では、5段階中5・4の評価の方は、1・2の評価の方よりも年収が17%上回るという結果が出ています。好印象を作っていくことは、自分にとって大きなメリットがあるのです。

4　好印象を与える表情は？

Q　私は「愛想がない」「横柄な印象だ」と言われています。特に今はマスクをしているので、余計につまらなそうに見えるようです。どうすれば印象が良い表情になれるでしょうか？

A　表情は最初の評価項目

　表情は最初に目に入る場所です。好感度を表す最重要ポイントといっても過言ではありません。不愛想に見えてしまうのは、もったいないことですね。

　特にコロナ禍では、マスクをしているため、表情の変化が読み取りにくく、相手に感情が伝わりにくいものです。加えて、自分自身もマスクで隠れているので、つい気が緩みがちということもあるでしょう。在宅ワークが増えたことで、表情の筋肉自体が固くなってきているという方もいらっしゃいます。

好感の持てる笑顔は？

　「どのような表情の方が好印象ですか？」と伺うと、ほとんどの方が笑顔を挙げます。好感の持てる笑顔は、親しみを感じ、相手の心を開かせる効果があります。

　では、人はどんな時に笑顔になるのか？自然に笑顔になるのは、自分が楽しいと感じた時です。

　仕事で好印象を与えるには、その表情を自らコントロールすることが大切です。そ

のためには、表情の筋肉を意識して使い、目元がにっこり、口角が上がった表情を常に意識しましょう。

マスクでも笑顔と分かる表情

マスク着用時も、目元で笑顔と分かる表情を心掛けることが大切です。ただし口元は素でよいわけではありません。

口角をしっかり上げると、頬の筋肉も上がり、目元にも影響します。また、声のトーンも明るくなります。マスク着用時も、目元だけでなく口元も笑顔を心掛けましょう。

なお、目元には眉の動きも入ります。眉の動きに感情が出やすい方は、注意しましょう。

Column 　　苦手な笑顔をキープするコツは？

実は私自身も以前は笑顔がとても苦手でした。苦手な方でも笑顔は意識して継続していけば得意になるものです。例えば、
・アイコンタクトを増やし、目が合ったら必ずにっこり笑う
・鏡を見る回数を増やす
・自撮りをする回数を増やす
・オンラインミーティング中、自分の表情に注力する
・動画を撮影してみる
など、自分を客観視する時間を増やすと効果的です。

5　上品な印象を与える姿勢や所作のポイントは？

上司から姿勢や所作を注意されます。
　　　洗練された立ち居振る舞いができる先輩は成績も
良く、仕事ができます。
　どんなポイントを意識すればよいのでしょうか？

　まずは姿勢を整える

　姿勢は全ての所作の基本です。基本の姿勢は、両足の踵を付けてつま先は拳一つ分、体幹の筋肉を使って、上からピンと吊られているような姿勢です。

　最近は、スマートフォンやパソコン画面に向かう時間が多いため、通称「スマホ首」といわれる首猫背の方も増えています。

　時々チェックしてその姿勢をキープするように心掛けると、徐々に姿勢が整ってきます。

基本姿勢に戻ることを忘れない

　動作の前後には、常に基本姿勢に戻ることを意識すると、所作は美しく決まります。自然に所作が決まる方は、実はこのような何気ないことを行っている方が多いのです。

手元の所作は相手への敬意と気遣いの表現

　手元の所作は相手の目線に入りやすい場所です。行き届いた所作

は、丁寧さや、敬意、気遣いを感じるもので
す。

　指し示しをする際は、手を指先までそろえ
て、手のひらをお見せして示しましょう。

　「指差し」「ペン差し」は失礼な所作と受け
取られます。

　受渡しは、両手で胸の高さで行うのが基本
です。相手が受け取る際や受け取った後の行
動を想像して行うと配慮ある行動ができま
す。

　なお、感染症流行時などに受渡しを控える
場合には、「こちらに失礼いたします」などと
一言添えると控えていることや配慮がしっかり伝わります。

Column　　**足元に人の素が表れやすい**

　「足元を見る」「足元につけこむ」などの言葉の由来は、昔馬方が
旅人の足元を見て疲れ具合を見抜いたことです。

　足元は最も無防備になりやすく、人の体調や心理状況が表れやす
いものなのです。例えば、踵を常に付ける方は比較的几帳面、立ち
方が雑な方はアバウト、歩幅が狭い方は自信がない・体調が悪い・
落ち込んでいるなどの傾向があります。

　「歩くのが遅い人は、仕事も遅い！」などとおっしゃる経営者も
いるほどです。自分の足元にも注意を向けてみてはいかがでしょう
か？

6　身だしなみの基本と使い分けは？

Q オフィスカジュアルと言われて、私服で出勤したら、上司にカジュアルすぎると注意されました。友人の会社はもっとカジュアルでもよいそうですが、オフィスカジュアルとはどのような服装ですか？

 身だしなみとおしゃれの違いを認識する

　オフィスカジュアル（ビジネスカジュアル）やクールビズ、ウォームビズなどの導入で、身だしなみは以前よりも規定範囲が広がってきました。企業や業種によっても異なり、それだけに戸惑う方も多いようです。

　まずは、身だしなみの基本的な考え方を理解していきましょう。

　服装などを表現する言葉に、「身だしなみ」と「おしゃれ」があります。「身だしなみ」とは、相手に不快な思いをさせない「他者評価」が基準です。これに対して「おしゃれ」は、自分自身の個性を表現する「自己評価」が基準です。おしゃれはプライベートで楽しみ、仕事では身だしなみを整えることが大切です。

カジュアルすぎると言われたら

　自分では良いと思っていても、周囲から「カジュアルすぎるのでは？」などの注意をされた場合には、身だしなみから外れているということです。このような場合は、改善するようにしましょう。

「清潔感」「機能性」「調和」が大切

　相手に不快感を与えない身だしなみは、「清潔感」があり、「機能性」

があり、周囲と「調和」していることがポイントです。加えて、企業ごとのルールをしっかり確認しましょう。このルールにのっとっていないと調和しません。

そして何よりも自分基準でなく、他者から注意されたら改善することが大前提です。

リモートワークでも仕事に適した身だしなみを心掛ける

リモートワーク中は対面でお会いすることがないため、つい身だしなみを怠りがちです。急なオンライン会議などの際に、「顔を出せません」などとおっしゃる方もいらっしゃいます。リモートワークでも仕事中は最低限の身だしなみを整えておきましょう。

社内と社外では対応を変える必要が出てくる場合もある

社内では、オフィスカジュアルや、クールビズ、ウォームビズなどが許可されていても、社外の方とお会いするときには、そのままでは失礼に当たるケースもあります。

身だしなみは「他者評価」が基準ですので、社外では、相手の方に失礼に当たらない敬意を持った服装を心掛けることが大切です。

Column　　実は気になるボディケア（臭い）のマナー

研修でよく相談されるのが、臭いのマナーです。臭いには、個人個人で好き嫌いがあります。自分にとって良い香りでも人には不快感を与えることがあるのです。常に身体や口などの臭いに注意し、清潔であることと同時に、仕事中は香水などの香りのするものは、使用を控えるのがマナーです。

◇感染症流行時などの対応

7   マスクを着用して勤務する際には？

 マスクを着用して勤務する際、着用してはいけないマスクや、着用の注意点などはありますか？
　また、感染症流行期以外にマスクを着用する際は、どのようなことに気を付ければよいでしょうか？

 マスクの第一の目的は、感染予防

　マスクは感染予防が主たる目的です。その意味では着用してはいけないマスクはありません。

　しかしながら、業務内容によっては、身だしなみと同じく「調和」を必要とすることもあるでしょう。会社で、色、柄、種類などの規定がある場合は、規定にあったマスクを着用してください。

色物・柄物マスク

　色や柄がどこまでOKか？NGか？というご質問もよく受けます。優先順位とTPOに合っているかが大切です。

　例えば、感染症流行期などでマスクが入手困難な場合は、まずマスクを着用することが最優先です。感染状況などが落ち着いてくると、社内ルールがあるにもかかわらず、別の物を着用していると、周囲が疑問に感じることもあるでしょう。マスクが目立つために、マスクばかりに目がいって、会話に集中できなかったという話も耳にします。

　このマスクでなければならないというマナーはありませんが、マスクで印象が左右されるという点には注意しましょう。

マスクの着け方のマナー

一方、着け方や外した際には正しいマナーは存在します。

① 鼻出しマスク

　緩めのマスクを着用していると、どうしてもマスクがずれがちです。鼻が出てしまわないように注意しましょう。また、ずれることでマスクをしきりに触る方がいらっしゃいますが、マスクを頻繁に触る仕草は不衛生な印象を与えますので、ご注意ください。

② 顎マスク

　飲み物を飲んだ後などに顎マスクのままで過ごしている方もいらっしゃいます。外したままの会話は、控えてください。

③ 外したマスクの置き方

　マスクを外した際の置き方も大切です。できれば、マスクホルダーなどを携帯し、ホルダーに挟んでおくと衛生的です。ない場合は、必ず内側を上にして、落ちないように自分の前に置きましょう。

感染症流行期以外には？

　感染終息で多くの皆様がマスクをしない時期などに、アレルギーなどでマスクを着用する場合には、理由を告げて「マスクのまま失礼いたします」と相手に配慮を伝えるとよいでしょう。

8　咳やくしゃみが出る際の注意点は？

Q　アレルギーや喘息があり、どうしても咳やくしゃみが出てしまいます。感染症流行期には、少しの咳でも不安そうに見られるので、困っています。
　どうすればよいでしょうか？

 最初に伝えると好印象

　アレルギーをお持ちの方などは、感染症流行期にはとても気を遣います。誤解された、不安そうな目で見られたなどの経験のある方も多いのではないでしょうか？

　応対時などには、「アレルギーがございますので、咳やくしゃみが出ることがございます。ご了承ください」などと、先にお伝えしておくとよいでしょう。一言伝えるだけで、相手も安心しますし、自分自身も相手に不安感を与えているのでは？と心配しながら応対しなくても済みます。

咳・くしゃみエチケットは守る

　アレルギーなどでも、咳やくしゃみには気を遣いたいものです。以下の3点には特に気を付けましょう。

☐ 顔の向きを変えて相手に飛沫が飛ばない角度で話す
☐ マスクを着用する
☐ マスク非着用時は、肘部分やハンカチで押さえる

会話の最中に頻発したら

　会話の最中に頻発したときには、相手に不快感を与えているので
は？と心配なさる方もいらっしゃいます。

　会話の最中に咳やくしゃみが頻発したり、対処が間に合わなかった
際は、一言「失礼いたしました」などと告げれば、相手も不快には感
じないものです。

気を遣う公共交通機関での咳・くしゃみ

　感染症流行期にアレルギーなどをお持ちの方が気を遣うのが、公共
交通機関での移動ではないでしょうか。特に感染拡大初期には、誤解
されて嫌な思いをした方も数多くいらっしゃるようです。

　感染症でなくても、他の方が気になってしまうのは相手の立場なら
当然のことで、防ぎようがありません。

　咳やくしゃみが出やすい時には、可能な
限り
□　飛沫などがかからない車両の端
□　出入口付近の換気の良い場所
□　電車の壁際で壁向き
に移動するなど周囲へ配慮なさるとよいでしょう。

　アレルギーであることを表示するキーホルダーを付けるなどの工夫
をする方もいらっしゃいます。このような方法も、周囲が気付きやす
く効果的といえます。

＜ワンポイント知識＞

瞬きは何回？

　印象を左右するものの一つに目の動きがあります。

　例えば、瞬きの回数は、その人の心理を表しやすく、不安や自信がないとき、嘘をついているときなどは、緊張や動揺のため瞬きの回数が多くなります。そのため、瞬きが多いと心理状態が伝わってしまうのです。

　成人の瞬きの回数は1分間に10〜30回といわれています。それ以上に頻繁に瞬きをすると、信頼感を損ねる場合もありますので、注意しましょう。

　また、目線の動きにも心の動きは出やすいものです。気持ちの余裕がないときには、言葉と目線の動きにずれがでます。

　落ち着いた信頼できる印象を与えるためには、センテンスの区切り「、」や「。」で目線の方向を変える「ワンセンテンス・ワンパーソン」を心掛けるとよいでしょう。

　また、ふとした時に眉の動きに感情が表れやすい方もいますので、感情が出やすい方は注意しましょう。

　目は口程に物を言うのですね。

2．共用スペースにおけるマナー

社内の共用スペースは、社内の方、お客様など
様々な方とお会いする機会のある場所であり、
多くの方が共用する場所です。
常に周囲の方への配慮が求められる場所であることを
理解して行動しましょう。

例えば、応接室、会議室などでは、
利用ルールを守るとともに、
前後に使う方へも配慮する必要があります。
さらにコロナ禍では感染対策への十分な配慮も
求められるようになりました。

また、通路や階段、エレベーターなど
多くの方とすれ違う場面などにもマナーが必要です。

ここでは、社内の共用スペースでの過ごし方や、
注意点などについて、シーンごとの重要なポイントを
お伝えします。

◇共用スペースでの過ごし方

9　応接室や会議室を使用する際には？

 　会社の応接室や会議室を使用する際、一般的なマナーや基本ルール、気を付けるべきポイントはありますか？
　また、感染症流行期に配慮することはあるのでしょうか？

 マナーある共用スペースの使い方

　応接室や会議室などは、皆様で使う共用スペースです。マナーを守り、気持ちよく使いたいですね。

＜共用スペースの使い方のポイント＞
☐ 社内の使用ルールを守る
☐ 時間を守る
☐ 事前事後には環境を整える

　社内の使用ルールとは、予約や使用の仕方などです。共用ですので当然、勝手に使ってよいものではありません。空室状況を確認して予約することからスタートします。空いているからと勝手に使うのはマナー違反です。

感染症流行期の共用スペースの使い方

　感染症流行期には、通常の使用人数よりも広めの部屋を用意するように配慮しましょう。一般的には、使用人数の2倍以上の収容人数の部屋が適しています。

　そして、時間には余裕を持って予約したいものです。当日は使用前に、空室になっていることを確認し、室内の清掃状況、照明、室温を確認しておきます。

　また、感染症流行期には、事前に換気もしておきたいものです。

　終了時には、次の方のために清掃や原状復帰をするのがマナーです。自分が使用する前よりもきれいな状態にするくらいの気持ちで、清掃や原状復帰をしましょう。

　なお、感染症流行期には、使用した場所を中心に全体をアルコールなどで消毒することも忘れないようにしましょう。その間に換気も行っておきたいですね。

＜チェックしたい消毒ポイント＞
□　テーブルは、上部だけでなく前面、側面なども
□　椅子の座面、背もたれ、椅子を引く際に触れる場所
□　ドアのノブ、換気のために使用する窓

　換気が多くなると、部屋の中に外部から花粉や埃も入ります。

　時間に余裕があるときには、使用していないところや床などの清掃も心掛けたいものです。

Column	イメージは恋人を呼べるような室内

　大げさだと感じるかもしれませんが、このようにお伝えすると、イメージがしやすいかと思います。

　もしも自分の恋人や大切な方をお招きするとしたら、しっかり清掃を行うのではないでしょうか？また、原状復帰の際も、「自分の留守中に恋人や大切な方が来るとしたら？」と考えればどんな状態にすべきか分かりますね。

10　会議や打合せ時の席次マナーは？

 　　　会議室や応接室で自分がどこに座るか迷うことがあります。先日は着席していたら、上司に「君はこちらに座りなさい」と注意されたこともあります。
　正しい席次を教えてください。

席次マナーのポイント

　席次マナーの一般的なポイントを押さえておけば、迷わずスマートに対応することができます。ここでは、代表的な席次を例にご紹介しましょう。

＜上座とは＞

☐ 扉から最も遠い席
☐ 景色の良い席
☐ 安全な席
☐ 会話がしやすい席

　逆に下座は扉に最も近く、様々なフォローが行える席です。

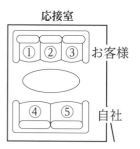

車などの移動手段にも席次がある

車や新幹線などで先輩や上司と移動する際にも席次があります。
どこに座るか確認しておきましょう。

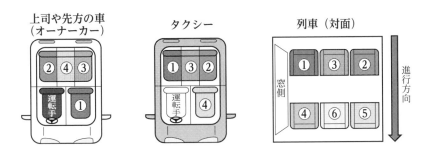

なお、列車乗車時に座席を回転させて向かい合わせに座ることはご
遠慮くださいとアナウンスがあった場合は、従いましょう。

感染症流行期には距離を保つ

感染症流行期には、席次にも配慮が必要です。一定の距離が保てる
よう、間隔を空けて着席しましょう。対面での着席が必要な場合には、
アクリル板を設置するなどの対策も大切です。

Column	イレギュラーな室内での対応

　「うちの会社の応接セットはイレギュラーなのですが…」研修で
よく出る質問です。
　例えば、パーテーションで区切られただけの商談コーナーなどで
は、上座から社内が丸見えだったり、逆に上座がオフィスに近く、
社内会話が丸聞こえになるなどのケースもあります。基本は押さえ
つつも、何を優先させるかを確認し、社内共有しておくとよいでし
ょう。

11　エレベーターでの移動時のマナーは？

> 　エレベーターに乗る際、先に乗るべきか、後に乗るべきか、乗った後どこに進むべきか迷います。エレベーターに乗る順番や、位置にマナーはありますか？

A　エレベーター内の状況で順番は変わる

　エレベーターの乗車スペースを籠といいますが、籠が空の場合とそうでない場合で乗車順が変わります。

　空の際は、「お先に失礼いたします」と告げて先に乗り案内します。これは操作盤の操作をするためです。

　エレベーターによっては、一定時間操作されないと上下階の行き先が変わることもあります。行先階のボタンと開のボタンを押し、扉も押さえて安全に誘導してください。

＜到着階では順番が逆＞

　到着したら、操作盤の開ボタンを押して、相手が降りるのを待ってから自分が降りましょう。籠が空のときには、「先乗り後降り」と覚えておくと分かりやすいですね。

＜既に人が乗っているとき、後乗り先降り＞

　次のように籠に人が乗っているときには、乗り降りは逆になります。

□　操作盤操作をしている方がいる

□　既に人が乗っている場合は、それより先の階に行くため

□　定員いっぱいの際に相手に恥をかかせるおそれがある

　このような場合は、外から扉を押さえて先に乗っていただき、最後に自分が乗りましょう。

　なお、エレベーターでは基本的に皆様が扉側を向いて乗ります。ということは、あなたが最後に乗車すると、必然的に相手にお尻を向けます。「失礼いたします」と一言伝えて乗車すると、配慮を感じますね。

　降りる時には、自分が扉に近いので「お先に失礼いたします」と伝えて、先に降りて誘導するとよいでしょう。

感染症流行期には、エレベーターも乗車人数に配慮

　密閉空間になるエレベーターは、感染症流行期には乗車人数にも配慮が必要です。間隔を空けて乗りましょう。

Column　　エレベーター内での情報漏洩に注意

　様々な方が一緒に乗るエレベーター内では、会話の内容にも注意が必要です。エレベーター内の何気ない会話から情報が漏れてしまうことがないよう、内容には十分に注意してください。

　なお、感染症流行期には、感染対策として狭い空間であるエレベーター内の会話は控えるようにしましょう。

12　階段、エスカレーターでの移動時のマナーは？

 　　　階段やエスカレーターなどでご案内をするとき
　　　に、先に行くべきか、それとも後に行くべきか、と
ても迷います。
　どのように振る舞うのが正しいのでしょうか？

 上りと下りで順番が変わる

お客様

案内者

　階段やエスカレーターなどでは、上りと下
りでご案内時の進む順番が異なります。

☐ 上る際は、相手が先で自分が後方
☐ 下る際は、自分が先で相手が後方

　このように進むことで、相手より低い位置
に立つことができます。

相手より低い位置に立つ理由

相手より低い位置に立つのには理由があります。

☐ 敬意を示す
☐ 安全面

敬意を示すと同時に、不測の事態にフォローできる態勢が取れます。

スムーズにご案内するコツは？

階段前までは、相手を先導していますので、上り階段まで来たら、

相手に先に進んでいただくことが必要です。

「○階へご案内します。お先にお進みください」

などと、行先を告げて先に進んでいただくようにお声掛けし、相手の2〜3段下を進むとよいでしょう。

　逆に、下り階段では、何も声掛けせずに先に進むと、雑なご案内に感じるという方もいらっしゃいます。

「○階へご案内します。お先に失礼いたします。お足元にご注意ください」

などと相手に伝えると丁寧です。

　歩くスピードも相手のペースに合わせながら、2〜3段下を進むとよいですね。

Column　　**異性のご案内時に下に立ちにくい場合は**

　実はこの質問は、研修でよく出ます。特に男性が女性を上り階段で案内する際には、下に立つことに抵抗を感じるようです。

　女性側も服装によっては、気になさるケースもあるでしょう。マナーは「正しいマナーを知った上で上手に引き算をする」のがコツです。その場の状況に合わせて臨機応変に引き算すればよいのです。その際は、一言「お先に失礼いたします」などと告げて進むと相手にもその気遣いが伝わりますね。

13　食事、休憩スペースでのマナーは？

 　　　食事や休憩スペースなどで気を付けることはありますか？

　また、喫煙スペースを使う際、適切な頻度や時間、使い方で気を付けることはありますか？

 共用スペースであることを意識する

　食事スペースや休憩スペースは、仕事のリフレッシュ空間です。以下のように適切に使用することが大切です。

□　ルールを守り譲り合って使用する
□　使用頻度や時間を意識する
□　清潔に使用する

　また、多くの方が利用する場所ですので、会話の内容にもご注意ください。

感染症流行期には、飲食中の会話は控える

　感染症流行期には、感染リスクが高まる場所でもあります。着席位置などはルールを守り、マスクを取っている飲食中は会話を控えてください。

　また、入退室時にはアルコール消毒を使用するなど、常に感染対策に注意しましょう。

喫煙スペースの長時間使用は避ける

喫煙についてのマナーは、昔よりも厳しく、愛煙家にとっては過ごしにくい世の中になってきました。

企業によっては、業務時間中の喫煙は原則禁止と定めているところもあります。

喫煙スペースを設けている企業でも、利用時間や頻度には配慮が必要です。

喫煙時には仕事の手を止め、喫煙スペースへ移動し、煙草を吸って戻ります。この時間は、当然仕事を中断しなければなりません。

「仕事の手が止まる＝生産性が落ちる」ため、多頻度・長時間の喫煙は、仕事をさぼっているような印象を与えかねないのです。

喫煙の頻度や時間は、意識して行動することが大切です。

Column　喫煙中の会話の内容にも注意する

喫煙スペースは、限られた空間を様々な方が利用します。

リラックスして過ごすスペースのため、会話も弾みやすい場所です。そのため、ついつい話してはいけない内容を話し、情報漏洩につながったという例もよく耳にします。仕事の会話は控えるようにしましょう。

当然、感染症流行期には、喫煙中はマスクを外しているので、会話は厳禁です。

14　共用スペースでのコミュニケーションは？

　　　共用スペースでお客様や先輩・上司・他部署の同
僚などに会ったときに、挨拶やコミュニケーション
をどの程度取るべきか迷うことがあります。
　　どうすればよいでしょうか？

挨拶はコミュニケーションの第一歩

　社内共用スペースでお会いする方には、自ら挨拶したいものです。
相手が会話している場合は、会釈をします。また、お困りのお客様が
いらっしゃった場合は、自らお声掛けしましょう。

挨拶の質を上げるには？

　共用スペースなどでの移動時は、「ながら
挨拶」「ながらお辞儀」になりがちです。一旦
踵をそろえて挨拶するとメリハリがつきま
す。

移動時は、端を歩くよう配慮

　多くの方とお会いする共用スペースでの移動時は、他者への配慮を
したいものです。ほかの方の移動の妨げにならないように、端を歩く
よう意識しましょう。

会話にも注意する

　共用スペースでは、次のように会話にも注意したいものです。

☐ 私語を慎む
☐ 不快な話題や情報の取扱いに注意する
☐ 大声で会話をしない

移動中の行動も見られている

移動中の行動も見られています。適度な歩幅やペースで仕事中であることを意識して行動しましょう。

特に、歩きスマホなどは、さぼっているような印象を与えたり、スマートフォンに集中することで、他者との衝突や配慮不足などの危険が発生しやすく、安全面でも課題がある行動です。

Column　　相手の気持ちをつかむ目配り・気配り・心配り

マナーの基本は、相手目線・相手起点です。

共用スペースのような多くの方が利用する場所では、それができるかできないかが出る場所です。今 周囲はどのような状況なのか？常にアンテナを張って一歩踏み込んだ「目配り」「気配り」「心配り」を心掛けましょう。

そのような気遣いは、仕事の成果にもつながるものです。

＜ワンポイント知識＞

共用スペースは定期的にチェックする

　盲点なのが、共用スペースの管理面です。

　様々な方が入れ替わり限られた時間で利用するため、他人事になりがちな場所です。

　例えば、換気のために開ける窓枠や、オンライン会議などで使用するコード類、テーブルや椅子のサイド部分の汚れなどは、原状復帰だけでは見落としがちな部分です。

　原状復帰の際には気にならなくても、着席時には目線の高さが下がるため、結構目に付きやすいところです。

　共用スペースは様々な方が使用する場所ですので、常に清潔で整理整頓された空間を保ちたいものです。

　たとえ清掃業者などが入っているとしても、定期的なスケジュールを決めてチェックしたり、整理整頓・清掃を心掛けましょう。

3. リモートワークと
　　オンライン会議におけるマナー

コロナ禍で急速に進んだリモートワーク。
出社を減らすために慌ただしく導入し、
ルール整備などが追いつかず、個々の判断で行ってきた
という企業様も多いでしょう。
様々な課題や仕事の進め方に悩んだ方も
多いのではないでしょうか？

リモートワークが増加したことで、
会議やミーティングをオンラインで行うことも
スタンダード化しました。
オンライン会議における環境準備や参加の仕方は、
もはや誰もができるべき「当たり前のマナー」となったと
いえます。

ここでは、新しい働き方の新マナーともいうべき、
リモートワークやオンライン会議にフォーカスし、
ご相談の多い質問にお答えする形式でポイントをお伝えします。

◇快適でマナーあるリモートワークのために

15 リモートワークでのON・OFFの切替え方は？

Q リモートワークをすることになりました。
在宅勤務の際に、仕事の始め方やON・OFFの切替えが上手くいかず、困っています。
どのような点に気を付ければよいでしょうか？

 リモートワークのONとOFF

リモートワークを取り入れる企業が増え、プライベート空間で仕事をすることも多くなりました。「職場＝仕事をする場所（ONの場所）」「自宅＝くつろぐ場所（OFFの場所）」と切り替えて働いてきた方は、自宅で同じように仕事をすることに戸惑う方も多いでしょう。会議や商談などが入っているときは切り替えやすいのですが、デスクワーク時などは在宅での業務効率がなかなか上がらないと感じる方も数多くいらっしゃいます。

会社で業務開始時に行うことをする

このようなONとOFFの切替えは、普段と同じことをするのが効果的です。普段、会社に行く前にすることは何でしょうか？身だしなみを整え、必要なものを用意して出社するでしょう。そして、会社に到着したら、挨拶、準備や清掃などを行い、業務スケジュールを確認して、仕事をスタートするでしょう。

このような準備は気持ちの切替えを助け、何より業務を効率的に進めるために必要です。

　直接人と会わないリモートワークでは、ついつい手を抜きがちな点ですが、それを行うことでONとOFFは切り替えやすくなります。

　終業時も同様です。自宅の場合、ついついダラダラ仕事を続けてしまうこともあるでしょう。時間や業務終了目標を設定し、終わったら報告や片付けをして挨拶するなどのルーティンを決めると切替えがしやすくなります。

＜始業時チェック＞

☐　身だしなみを整える

☐　業務に必要なものや時計を準備する

☐　デスクの清掃

☐　本日一日のスケジュール確認

☐　挨拶（朝礼などがあれば参加）

＜終業時チェック＞

☐　報告

☐　翌日の段取り確認

☐　デスクの片付けや清掃

☐　挨拶

☐　着替えなど

Column　**出しっぱなしは家庭でもNG**

　リモートワークが増えたことで、仕事の資料などを家庭に持ち出す機会も以前より増えました。ついつい整理整頓がルーズになりがちな方もいるようです。書類の紛失やご家族・友人などからの漏洩などのリスクが高まりますので、始業時・休憩時・終業時にはデスクの整理整頓は忘れず行いましょう。

16　リモートワーク時のスケジュール管理の仕方は？

　リモートワーク時のスケジュールは上司などに連絡しておく必要があるのでしょうか？
どのように共有しておくのでしょうか？

　スケジュール管理は重要な業務

　顔を合わせる回数が少なく、互いの状況が分かりにくいリモートワークでは、スケジュールなどの自己管理能力も問われます。会社によってスケジュール共有方法は異なりますが、スケジュール管理ツールやフォーマットなどを使って、互いに情報共有しておくことが大切です。

情報共有のメリット

　部署内などでスケジュールを常に共有しておくことは大きなメリットがあります。互いの状況が分かり、会議やミーティングを組む際に予定の調整がしやすくなったり、互いの業務のフォローを行うこともできるのです。どの時間ならコミュニケーションが取りやすいかも分かりやすく、生産性も向上します。

　そして、何より互いに安心できることが、一番のメリットといえるでしょう。

見える化することで、時間管理力や効率も見える

　リモートワークを推進したことで、毎日出勤していた頃よりも、ス

ケジュールを密に共有するようになったという会社は多いものです。その結果、スケジュールから見えてきたこともあります。それは、時間管理力や効率などです。

　出勤して目の前にいるときよりも、それぞれのスキルなどが分かるようになったという方もいらっしゃいます。

自分自身も今まで以上にタイムマネジメントができる

　リモートワークでは、ついついダラダラ仕事をしてしまいがちだという方もいらっしゃいますが、自分のスケジュールも、仲間のスケジュールも見える化し、スケジュールに沿って仕事をすることで、タイムマネジメントはしやすくなります。PDCA（Plan Do Check Action）にも役立てることができるでしょう。

　ただし、仕事では常に予定外のことも起こります。必ずスケジュールには余裕を持って組むことが大切です。

仲間のスケジュールも確認してコミュニケーションを取る

　コミュニケーションを取りたいときには、今、どのような時間なのか相手のスケジュールを確認しましょう。

　ただし、スケジュールどおりに進んでいないケースもありますので、「今お時間よろしいですか？」などと確認してコミュニケーションを取るとよいですね。

17　会社から貸与された備品の扱い方は？

 リモートワークをするに当たり、会社からパソコンやスマートフォンを貸与されています。
使う際に気を付けることはありますか？

　公私混同を避ける

　会社から貸与されたものは全て会社のものです。リモートワークの際、自宅で使用する場合にも注意が必要です。公私混同を避けて、あくまで「業務用」として使用しましょう。

　特にパソコンやスマートフォンなどでは、情報セキュリティの観点から、会社でルールが決められています。ルールを守って使用するようにしましょう。

アプリケーションのアカウントなども公私混同しない

　コロナ禍のリモートワークやオンライン会議推進で、様々なアプリケーションの活用も進みました。

　その中で課題として挙がってきたのが、アプリケーションやそのアカウントの公私混同です。

　会社のアカウントを使ってオンライン飲み会などをする事例が発生したのです。会社側でアカウントが夜遅くに使用されていることなどが分かり、発覚しました。

勝手にアプリケーションのインストールをしない

アプリケーションには、危険なものもあります。会社のパソコン、スマートフォンなどで、勝手に様々なアプリケーションをダウンロードすることも避けましょう。ルールを守って使用することが大切です。

見えていないようで相手には分かっている

他にも、リモートワークで見られていないからと思っているのか、会議中や研修中等に、パソコンで他の画面を見ていると考えられる行動も目に付きます。

これくらいと思うかもしれませんが、会社の物、コストに対する意識を持つことは、非常に大切です。このような業務姿勢も、会社の評価対象となっていることを意識しましょう。

情報の取扱いとウイルス感染に注意する

まず、情報セキュリティについての会社の方針を理解しておくことが大切です。

自宅へ機器や資料を持ち帰るということは、大切な会社の情報も持ち帰っているということです。貸与された機器の取扱いを丁寧に行うだけでなく、入っている情報の取扱いにもご注意ください。

また、不審なメールやURLは絶対に開かないなど、コンピュータウイルスの感染などにも十分に注意しましょう。

万が一の情報漏洩の際には、個人が責任を問われることもあります。

18　オンライン朝礼での注意点は？

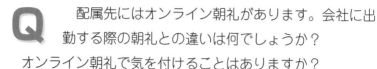

Q 配属先にはオンライン朝礼があります。会社に出勤する際の朝礼との違いは何でしょうか？
オンライン朝礼で気を付けることはありますか？

 ### 朝礼の効果

　朝礼は目的や意識を統一する場であり、大切な情報共有の場です。また、参加することによって仕事に入る意識が高まり、生産性向上にも効果があります。また、会議などに比べて短時間で行うことから、端的に話すスキルが身に付くともいわれます。

カメラに映った瞬間がその日の第一印象

　　　　　　　　出勤時であれば、時間前に出社し、朝礼時間に合わせて集合します。朝礼以前に部署の方にお会いして挨拶するでしょう。
　　　　　　　　オンライン朝礼では、多くが朝礼開始時間に合わせてミーティングがオープンします。
　　　　　　　そのため、カメラに映った瞬間がその日の第一印象です。
　音声での朝礼の場合には、「おはようございます」の挨拶がそれに当たります。上司や先輩は、その表情や声から現在のモチベーションを想像しています。

離れた場所にいても一体感を感じられる

始業時間が同じ場合には、オンライン朝礼を行うことで、離れた場所にいても一体感を感じることができます。

また、当日のスケジュールもツールなどだけでなく、口頭で伝えることで、確認や調整ができたり、文字だけで伝えにくい情報も共有できます。

始業しやすい

オンライン朝礼に参加する場合には、最低限の身だしなみは整え、端的に必要な情報共有などができる準備をしなければなりません。

一見面倒なことに感じますが、この「準備」が実は仕事に取り掛かりやすい環境を作り、生産性を向上させるのです。

| Column | 近況報告やアイスブレイクで一体感を作る |

オンライン朝礼をただの情報共有の場で終わらせず、一体感を感じたり、潤滑剤となる場にする企業もあります。

例えば、発言前に最近のグッドニュースを言ってから業務内容の共有をすると、共有のみよりも集中して聴くことができたり、発言者のパーソナリティや、近況が分かり、一体感を感じることができます。画面上でできる簡単な体操などをしてみるのもよいでしょう。拍手や手を振るだけでもよいですね。

楽しく参加できることで、「よし、本日も頑張ろう！」と思えれば成功です。

19　リモートワーク中の通信マナーは？

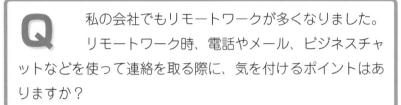

Q 私の会社でもリモートワークが多くなりました。リモートワーク時、電話やメール、ビジネスチャットなどを使って連絡を取る際に、気を付けるポイントはありますか？

 A　連絡を取る時間は、基本は勤務時間内

リモートワークでは、ついつい自分の自由な時間に仕事を進めがちという方も多いでしょう。自分は仕事をしているが、相手はそうではない場合も多いものです。

スケジュールが共有できていれば、相手の勤務時間内に、共有できていない部署や、社外などは、相手の勤務時間中を目安にするとよいでしょう。

手段の使い分けに注意

リモートワーク中、最も使用頻度が高いのは、メールとビジネスチャットでしょう。即時性ある情報共有を求めるならビジネスチャットを、丁寧さや記録性、相手のタイミングの自由度を重要視する際はメールを選ぶとよいでしょう。

リモートワーク中は、相手もプライベート空間で業務を行っています。常に相手の状況に配慮しつつ、今どのような手段で連絡を取るべきかを考えることが大切です。

リモートワーク中に電話をしてもOK？

　ビジネスチャットやメールでは伝えにくい内容や、ダイレクトなやり取りをしたいなどということもあるでしょう。必要に応じて電話を使うことも当然あります。

電話をかける際は、自分の環境を整えてから

　リモートワークでは、ご家族などが近くにいることもあるでしょう。自分から電話をかける場合は、できる限り静かな場所へ移動するなどの配慮をしてから、かけるようにしましょう。

　なお、ビジネスチャットなどで、「今お電話してもよろしいでしょうか？」などと一言聞いておくとよいですね。

通話しにくい環境の際は素直に伝える

　かかってきた際に、ちょうどお子様が泣き出してしまったり、宅配便が届くなどという事態も起こるのがリモートワークです。

　プライベート空間を業務で使用しているリモートワークでは、互いにこのようなことはあるものだという認識はありますので、そのような場合は一旦電話に出て

「申し訳ございません。○○なので、対応してからかけ直してもよろしいでしょうか？」

などと素直に伝えましょう。

　互いに相手の状況に配慮しながら仕事を進めるのが、リモートワークを円滑に進めるコツです。

◇社内でのオンライン会議

20　オンライン会議の準備と環境のポイントは？

Q　社内でオンライン会議が増えていますが、個々に意識統一ができていないような気がします。
　オンライン会議を円滑に行うために準備しておくべきことはありますか？

 オンライン会議前に行うこと

　オンライン会議を、対面で行う会議よりも安易に考え、「時間になったらパソコンやタブレット、スマートフォンで会議に接続するだけでしょ？」とお考えの方が多いですね。スムーズに始められるよう、余裕を持って事前準備をしておくことが大切です。

開始時間は会議を円滑に始められる時間

　オンライン会議は、時間帯、接続場所、接続方法、端末による影響を受けることもあります。

☐ 資料の準備
☐ 環境の準備
☐ 接続テスト
☐ カメラ、マイク、スピーカーのテスト

などは、事前に準備しておく必要があります。
　使用する端末に、オンライン会議ツールがインストールされている

場合は、一旦新しいミーティングを立ち上げて、リハーサルしておく
と安心です。

　参加者の場合、ミーティング入室は、社内ルールやホストからの指
定がなければ数分〜1分前でかまいません。ただし、ミーティング入
室時には、完全に準備が整っているのが前提です。

家族の協力も必須条件

　家族と同居なさっている方は、事前にオンライン会議予定を家族に
伝えておくとよいでしょう。オンライン会議中だと知らず、突然無防
備な状態で家族が映りこんでしまった際には、映った家族も、それを
見た会議相手も、なんとなく気まずく感じるものです。

　また、洗濯物が映っているなどの生活感のある背景も、他の参加者
が不快に感じることがありますので、注意しましょう。

　会議内容によっては情報漏洩のリスクもあ
ります。事前に家族に伝えておいたり、ドア
に「オンライン会議中」などの表示をしてお
くことで、そのような事態を避けることがで
きます。

ヘッドセットやイヤフォンの活用

　情報漏洩リスクのある内容の会議では、ヘッドセットやイヤフォン
などを活用し、音声が漏れないように心掛けることも必要です。

　また、資料の取扱いなどにも十分にご注意ください。

21 オンライン会議での発言のポイントは？

 オンライン会議で発言をするタイミングが掴めません。また、話し方が聞き取りにくいと言われますが、どのように話せばよいでしょうか？

 発言前にボディランゲージ

オンライン会議では、発言のタイミングが掴みにくいと感じる方が多いようです。

このようなときは、挙手などのボディランゲージで示しましょう。

リアクション機能などを使う方法もありますが、カメラをONにしている場合は、ボディランゲージが分かりやすく示せます。

ホスト役や、プレゼンテーション者が指名してくださってから話すと、重ならずスムーズに話せます。

発言する際には？

多くの方が参加する会議では、誰が発言しているのか分かりにくいケースもあります。

このような場合は、部署名や名前を名乗ってから発言しましょう。

また、発言は端的に分かりやすく伝えたいものです。何点かある場合は、先に「2点ございます」などと伝えると相手も心づもりをして聴くことができます。

アイコンタクトを取って話しているような印象を与えるためには、画面ではなく、カメラを見て話しましょう。

魅力的な話し方は？

　発言時には当然、参加者全員の目線が集中します。視覚面では姿勢を正し、口角を上げて話しましょう。カメラは平面で映るので、実物よりも無表情に映りやすいものです。

　聴覚面では、活舌が悪い、抑揚をつけて話せないなどのお悩みをお持ちの方も多いですね。実際に「聞き取りにくい」「話し方が分かりにくい」と上司に指摘されたというお話も伺います。

　このような方は、次のようなことを心掛けるとよいでしょう。

☐　口角を上げて話す

☐　口の動きを意識して、しっかり口を動かして話す

☐　ゆっくり、間をとって話す

☐　発言終了時は、「以上です」と伝える

　また、ボディランゲージを入れることも効果的です。特に話す際の手の動きはビジュアルハンドといわれ、話の内容を分かりやすく、より強調する役割を果たすものです。

　話の内容と一致させて画面の中でビジュアルハンドを行うと、話し方にも抑揚が出やすく、説得力ある魅力的な話し方につながります。

22　オンライン会議での聴き方は？

> **Q**　オンライン会議で気になるのが聴き方です。相手の聴く姿勢が気になるということは、自分の聴いている姿勢も相手に伝わっていないのではないか？と心配です。
>
> 　聴いている姿勢を伝えるポイントはありますか？

 傾聴姿勢はオンライン会議での印象を左右する

　オンライン会議で発言する際に、相手が聴いているか分からず、不安になった経験がある方が多いようです。

　オンラインでの双方向コミュニケーションの鍵を握るのが、傾聴姿勢です。傾聴姿勢がしっかり示せると、相手は話しやすいと感じ、聴き手に好印象を持ちます。

視覚で聴いていることを示す

　発表者以外はミュートにしていることが多いオンライン会議では、視覚的に聴く姿勢を示すことが大切です。

　そもそも姿勢が悪い方がいらっしゃいますが、姿勢が崩れていると相手は聴く気がないように感じ、不快に思うものです。姿勢を正して笑顔で相手の話にうなずいて聴きましょう。

　うなずくポイントは、相手の話の「、」か「。」です。センテンスとうなずきが合っていないと、しっかり聴いていないような印象を与えるので、ご注意ください。

うなずく角度は5度でゆっくり

うなずく際は、角度やスピードも意識しましょう。速すぎるとフランクな印象を与え、ゆっくりうなずくと、深く理解を示せます。

上半身を使って、5度程度画面の中に納まるようにうなずきましょう。

画角はバストアップが理想ですが、顔しか映っていない場合は、首からのうなずきでも結構です。ただし、うなずく際に顎が上がると、見下したような印象を与えるおそれがありますので、必ず顎を下ろすようにしてください。

表情やボディランゲージも工夫する

話し手は、どのような表情で聴いているかも見ています。

聴き手が素の表情になると、相手は話しづらいと感じるものです。相手の話に合わせて、表情でも聴く姿勢を示しましょう。

大いに賛成などの場合は拍手をするなど、ボディランゲージで示すのも会議を活性化するのに効果的です。

Column	音声のみの会議では？

　企業や環境によっては、音声のみで会議を行うこともあるでしょう。このようなときには、ファシリテーターを決めておくとスムーズです。ファシリテーターが代表して相づちなどを入れ、一定程度進んだら質問などを参加者に促すことで、双方向で話を進めることができます。

23　オンライン会議で遅刻、早退、欠席をするときは？

　　　オンライン会議の際、急な遅刻や早退、欠席、席
を外す場合などに、どのように連絡を取るのがよい
でしょうか？
　失礼のない連絡の取り方はありますか？

必ずミーティングホストに事前連絡

　「もしかしたら間に合わないかもしれない…」そのようなおそれが
ある場合には、その時点でミーティングホストに早めの連絡をしたい
ものです。

適した連絡手段は？

　通常、会社の遅刻、早退、欠勤連絡などは電話が基本ですが、オン
ライン会議の場合、ミーティングホストは準備などで忙しく、電話に
よる連絡はホストに負担をかけてしまうこともあります。電話対応自
体が難しいケースもあるでしょう。

　社内ルールにもよりますが、メールやSNSなどでの連絡が許されて
いる場合は、メールやSNSで連絡しておくのが相手の時間を取らず、
スムーズです。

　SNSは一般的にはカジュアルな連絡手段ですが、特徴を知った上で
上手く組み合わせて活用することで、相手に負担をかけず、伝えるべ
きことを伝えられます。

連絡する際に注意したいこと

端的に伝えるあまり「休みます」「遅刻します」のみの連絡になっては、不快感を持たれます。ポイントを漏れなく適切に伝えるようにしましょう。

＜オンライン会議の遅刻、早退、欠席連絡＞

> お疲れ様です。部署名、名前です。
> 何時〜会議名ですが、
> 理由で、（遅刻の場合）入室が○分遅れる予定です。
> 　　　　（早退の場合）○時頃、退席させていただきます。
> 　　　　（欠席の場合）欠席させていただきます。
> 急なご連絡となり申し訳ございません。
> ご迷惑をおかけしますが、よろしくお願いいたします。

なお、自らの過失による遅刻、早退、欠席などの場合には、「今後このようなことがないよう十分に注意いたします」などの未来に向けた一言も加えておくと印象がよいでしょう。

同部署の方などにも連絡しておく

ホストに連絡するだけでなく、同部署の方なども参加する場合は、耳に入れておくとスムーズです。

代わりに発言していただく内容があれば、内容の引継ぎもしっかり行っておきましょう。

24　オンライン会議のホストやファシリテーターをすることになったら？

> **Q**　オンライン会議のホスト役をすることになりました。ホスト役の際にすべきことはありますか？
>
> また、一部のファシリテーターを務める場合に、注意すべきことはありますか？

 オンライン会議をつかさどるホスト役

オンライン会議でのホストの役割はとても重要です。参加者がスムーズに参加できるよう準備と配慮をしましょう。

＜ホストの主な役割＞

□　ミーティングの設定と連絡

□　参加者管理

□　オンラインミーティングのオープン

□　全体の司会進行や時間管理

□　会議の終了

招待メールの送信タイミング

ミーティング設定後、招待メールを送信しますが、メール送信日から日にちが経ってしまうと、他のメールに埋もれて招待メールを見付けるのに苦労するケースがあります。リマインドと参加者への配慮の意味で、日程が近くなったら再送すると親切です。

準備は早めにしっかり行う

ホストがいなければオンラインミーティングは始められません。機材などは早めに準備し、ミーティングに入っておきましょう。

「待機室」を設定しておけば、参加者がある程度そろった時点で入室許可が出せるので、予定時間ちょうどにミーティングをオープンすることができます。

ホストやファシリテーターとして進行する

ミーティング全体の進行はホストが担うことが多いですが、パートごとにファシリテーター役をつけるのもオンライン会議をスムーズに進行するコツです。

このような役割を担う場合には、進行役として皆様が発言しやすい雰囲気を作り、参加者の皆様の発言指名なども行います。

また、多くの人数が参加するオンライン会議では、発言者が参加者の皆様が聴いているのか、理解しているのか、分かりにくいと感じるものです。ホストやファシリテーターが率先して傾聴し、代表して相づちや質問を入れたり、適宜参加者に質問をいただく場面を作っていくとよいでしょう。

＜ファシリテーターの主な役割＞
□ 全体の流れの説明
□ 時間管理
□ 発言者指名
□ 率先して傾聴

25　オンライン会議の内容と資料準備のポイントは？

Q　オンライン会議の際、内容や資料を準備することになりました。内容準備の際に気を付けることや、資料の共有方法などで気を付けることはありますか？

A　内容は対面での会議時の7割

「対面での会議時と同じように準備をしたら、全ての議題が行えなかった」「発言したかったのに発言できなかった」などのお声もよく耳にします。

オンラインでは対面会議時のように、自由に発言しやすい環境とは異なるため、内容準備も余裕を持って行いたいものです。対面会議時の7割程度の内容で用意しておくとスムーズです。

印刷すべき資料がある場合

オンライン会議で使用する資料を用意する際も注意すべきポイントがあります。印刷が必要かどうかです。

自宅から接続する場合、プリンターなどの環境が整っていないこともあるでしょう。印刷して用意してほしい場合は、印刷可能かどうか、会社でプリントして持ち出せるのか、郵送が必要か、を事前に確認しておきましょう。

印刷環境がある方に対しても、印刷準備が必要な場合には事前に伝えておくとよいでしょう。

機密性の高い会議の場合は、イヤフォン着用指示をする

在宅などでも参加できるオンライン会議の場合、機密性の高さによっては、接続場所、イヤフォン着用などの必要性も事前に伝えておくとよいでしょう。

議題などは事前に共有しておくとスムーズ

その場の空気感が伝わりにくいオンライン会議では、議題や進行などは、しっかり伝えておきたいものです。連絡しておくことで、参加者も心づもりをして参加できます。

また、議題について必ず発言したい方がいれば、事前に伺っておくと、ファシリテーションがしやすくなります。

会議冒頭は挨拶、進行、ルールなどを簡潔に

会議のスタート時は、ホスト役からの挨拶でスタートします。

この冒頭の挨拶が、会議の雰囲気を決めるといっても過言ではありません。滞りなく進行するためには、冒頭で伝える内容や進行、ルールを事前にまとめておくとよいでしょう。

☐ リスト化する
☐ 画面共有できるようにスライドにしておく
☐ 原稿にしておく
のいずれかを行っておくとスムーズです。

26　オンライン会議でのカメラやマイクの扱い方は？

 　　オンライン会議の際に、カメラをOFFにしていた
ら、ONにするように言われました。
カメラやマイクのON・OFFにはマナーはあるのでしょう
か？

　音声会議の指定がなければカメラはONが基本

音声会議などの指定がなければ、オンライン会議ではカメラは基本
的にはONにするのがマナーです。

ただし通信環境などで、やむを得ずカメラをOFFにしなければなら
ないこともあるでしょう。このような場合は、ホストや参加者に理由
を伝えておくとよいですね。

カメラを使用できない状態が会議前に分かっていれば、ホストに事
前連絡を入れましょう。

接続後や会議中にカメラが上手く映らなくなった場合や、通信が不
安定でカメラをOFFにしなければならない場合には、全員チャットで
理由とお詫びを入れると周囲も状況が分かり、理解していただけるで
しょう。

なぜOFFでは失礼に感じるのか？

その場にいないオンライン会議では、相手が何をしているのか、ど
のような状況なのか、把握しにくい環境です。

画面に映っていなければ、離席しているのではないか、集中してい
ないのではないか、しっかり聴いて理解しているだろうか、と不安に
感じます。

　参加状況や理解度などの確認の大半を占めるのが、画面に映る皆様の姿なのです。

マイクのON・OFFのタイミング

　参加者の画面設定によっては、発言者が大きく映る設定があります。そのため、周囲の音を拾ってしまうと、意図せず相手の画面に大きく表示されるケースもあります。

　大人数での会議であれば、発言時以外はミュートにしておくとよいでしょう。

　なお、数名でのミーティングで常に発言する機会のある場面や、ブレイクアウトセッションなどでのディスカッション時は、マイクのON・OFF操作が時間のロスになることもあるでしょう。

　その際は、周囲の音が入らないよう最大限に努めた上で、マイクをONにしておくとスムーズです。

Column　　**子供やペットの声が入ってしまう**

　小さなお子様やペットなどがいるご家庭では、リモートワーク中のオンライン会議は、ストレスだとおっしゃる方もいらっしゃいます。自宅から接続することも多いオンライン会議では、相手も理解してくださいます。最初にお子様やペットの声が入る可能性があることを伝えておくと、互いにストレスなく参加できるでしょう。

27　オンライン会議の終了の仕方は？

　　　オンライン会議の終了のタイミングや、退出のタイミングに迷います。

上司がいるとき、ホストである場合などの入退出順にマナーはあるのでしょうか？

　退出のマナーは？

これまで、対面で行う会議では、常に上司の退出を待ってから会議室を出ていた方も多いでしょう。そのため、オンライン会議でも「目上から順に退出すべきなのでは？」と気を遣う方もいらっしゃるようです。

なかなか退出できず、不思議な間が空いたり、その空気に我慢できず会話を始めたら、会議が長くなってしまったなどのエピソードも伺います。

会議を閉じるのもホストの仕事

会議が終了したら、ホストがミーティング自体を閉じれば、このような問題は解決します。

中には、そのままミーティングを継続して、一部メンバーだけに退出してほしい場合もあるでしょう。このような場合は、ホストが退出してほしい方々に明確に退出指示を出していただくとよいでしょう。

上下関係を気にする風土の場合

上下関係が厳しく、それでも気を遣っている方々がいる場合には、目上の方が率先して退出なさることをおすすめします。

　退出時には、

「退出します。失礼いたします」

などと簡単な挨拶をして速やかに退出してください。

　このような行動もリーダーシップが大切です。

速やかな会議終了が、仕事の生産性を上げる

　速やかに会議を終了できれば、すぐに自分の仕事に戻れますので、時間のロスも削減でき、生産性も向上します。

　特にホストやファシリテーター役の場合や、自分が会議の中で目上の立場である場合などには、会議終了の仕方も意識することで、全体効率を高めることができます。

Column　　　**最後まで映っていることを忘れない**

　オンライン会議では、カメラをONにしている間は常に相手に自分の姿が見えています。

　開始時、カメラに映ってから他事をしていたり、カメラの調整をしていたりする行動や、会議が終了した途端、表情などが素に戻る様子などは、画面で見ている側は気になるものです。

　退出またはミーティングが終了するまではミーティング中だと心得て行動しましょう。

＜ワンポイント知識＞

One on Oneミーティング活用

　リモートワーク下でのコミュニケーションとして活用が進んでいるのが「One on Oneミーティング」です。

　One on Oneミーティングとは、上司と部下が一対一で定期的に行うミーティングです。短時間でよいので、1～2週間に一度、一対一で話す機会を持ち、日々の進捗確認や報連相を行います。

　オンライン会議システムはOne on Oneミーティングにも最適で、効率よく行うことができます。

　このような機会を定期的に作ることで、部下は上司に報連相を行える機会が確保され、進捗の遅れや認識のずれをなくすことができますので、業務の効率化にもつながります。また、対話型のミーティングは上司と部下の信頼関係の強化にもつながります。

　コツはやったりやらなかったりしないこと、約束どおりに、対話形式で、7割は部下に話す時間を与えることです。

第 2 章

新しい生活様式に対応した
コミュニケーション

64

1．良好な社内コミュニケーションのために

社内コミュニケーションの円滑化は、組織においては
欠かせないものです。
社内コミュニケーションが上手くいっていれば、
社内の方からの協力が得ることができ、
仕事が上手く進みますので、ミスやロス削減にもつながります。
何より、自分の評価にもつながりますし、
仕事をしやすくなるでしょう。
常にコミュニケーションを取る相手だからこそ、
礼を尽くしたいものですね。

ところが、身内感覚だからでしょうか？
お客様へのマナーは意識するのに、
社内への配慮が不足しがちという方も
多いのではないでしょうか？

ここでは、社内コミュニケーションで
特に課題が多いポイントをお伝えしていきます。
当たり前のことですが、ご自身がしっかりできているかどうか
振り返っていきましょう。

◇社内コミュニケーションの基本

28　社内・社外での言葉遣いの使い分けは？

Q 上司や先輩から言葉遣いをよく注意されます。特に社内・社外の言葉遣いの使い分けがよく分かりません。敬語の使い方で、特に間違いが多い話し方はどのような話し方でしょうか？

A　社内は丁寧語、社外は尊敬語・謙譲語

　言葉遣いが苦手だという方は、とても多いですね。言葉遣いは、正しい知識を習得し、アウトプットの量を増やしていかなければ、なかなか使い慣れないものです。

　社内では主に丁寧語「です・ます」を使い、端的に分かりやすく伝えます。もちろん、目上の方との会話では、尊敬語・謙譲語も使用します。

　社外に対しては、常に尊敬語や謙譲語を正しく使いたいものです。上手に使い分けができない方の多くは、尊敬語と謙譲語が逆転しているパターンでしょう。その言葉が相手の行動を表すのか、自分の行動を表すのか考えてみましょう。

【例】　×「お客様、どちらにいたしますか？」
　　　　○「お客様、どちらになさいますか？」

　この例は、「どちらにするか？」をお客様に聞いています。「する」

はお客様側の行動です。

　尊敬語の「なさる」または「される」を使いましょう。

二重敬語

　二重敬語とは、重複して敬語を使ってしまうことです。丁寧に話そうとするあまり二重敬語を使っている方も多いでしょう。

```
【例】 ×「おっしゃられた」
　　　 ○「おっしゃった」
```

　この言葉は、「言う」の尊敬語「おっしゃる」に、さらに「〜られる」を使っています。このように、もともと敬語として成り立っている表現に過剰に敬語をつけてしまうのが二重敬語です。

「さ」入れ言葉　「ら」抜き言葉

　さ入れ言葉は、謙譲語のつもりで不要な「さ」を入れる話し方です。

　ら抜き言葉は、「られる」の「ら」を抜いてしまう話し方です。

　このような話し方も間違った敬語ですので、注意しましょう。

```
【さ入れ言葉の例】 ×「送らさせていただきます」
　　　　　　　　　 ○「送らせていただきます」
```

```
【ら抜き言葉の例】 ×「来れる」
　　　　　　　　　 ○「来られる」
```

29　マニュアル敬語、若者言葉とは？

> **Q** 　周囲から、マニュアル敬語を多用していると指摘されました。マニュアル敬語とはどのような言葉遣いでしょうか？

 A 　マニュアル敬語、バイト敬語とは？

　マニュアル敬語とは、接客などのオペレーションの中で生まれ、間違っているのにマニュアルのように使われる敬語表現を指します。

　先輩が使っている表現を耳でコピーし、癖になっている方が多いでしょう。アルバイト時代に覚えることが多いため「バイト敬語」とも表現されます。

　マニュアル敬語（バイト敬語）を使う方は、癖で多用している場合が多いので、早めに改善するとよいですね。

> 【例1】　×「こちらが資料になります」
> 　　　　　○「こちらが資料でございます」

　「なります」という言葉は、何かが変化する際に使う言葉です。

　変化がないときに「なります」とつけるのは誤用です。この例にも変化はないので、語尾は「ございます」に変えるとよいですね。

> 【例2】　×「ご用意という形になります」
> 　　　　　○「ご用意させていただきます」

　「形（かたち）」という言葉は、何かの形状があるときに使います。

　この例の場合、聞いた相手は「ご用意という形って何の形状？」と違和感を持つのです。

> 【例3】　×「ご都合の方はいかがでしょうか？」
> 　　　　　○「ご都合はいかがでしょうか？」

　「方（ほう）」という言葉は、方向や角度を表現します。

　柔らかく伝えようとして多用する方がいますが、内容が曖昧に伝わったり、耳障りに感じやすいので注意しましょう。

> 【例4】　×「こちらでよろしかったでしょうか？」
> 　　　　　○「こちらでよろしいでしょうか？」

　「よろしかった」は過去形です。

　現在の事柄を確認する際に過去形は使わないのが基本です。

　このような敬語表現は、丁寧に伝えようとする中で生まれた言葉ですが、正しい敬語とは異なります。口癖になっている方が多く、聞く側が耳障りに感じるとともに、内容が伝わりにくくなるおそれがあります。

　ご自身の話す言葉を、意識して耳で客観的に聴くように心掛けてください。ご自身の癖に気付くはずです。

　また、若年層のみが用いる表現「若者言葉」にも注意が必要です。世代による差が大きく、立場や年齢が異なる方には好まれません。ビジネスコミュニケーションでは使用を控えましょう。

　以下はビジネスシーンでよく使われる「尊敬語・謙譲語」や、改まった表現の一覧です。このような言葉遣いが正しく変換できるようになるとよいですね。

＜尊敬語・謙譲語・改まった表現一覧＞

基本形	尊敬語	謙譲語
する	なさる／される	致す／させていただく
居る	いらっしゃる	おる
言う	おっしゃる	申す／申し上げる
見る	ご覧になる	拝見する
行く	いらっしゃる／おいでになる	伺う／参る
来る	いらっしゃる／お越しになる	伺う／参る
会う	お会いになる／会われる	お会いする
帰る	お帰りになる／帰られる	失礼する／おいとまする
食べる	召し上がる	頂戴する／いただく
知る	ご存知	存じ上げる／存じる
聞く	お聞きになる／聞かれる	伺う／賜る／拝聴する／お聞きする
分かる	お分かりになる	承知する／かしこまる
買う	お求めになる／求められる／お買いになる／買われる	― ＊丁寧語には「買います」の表現あり
もらう	お納めになる／お受け取りになる	頂く／頂戴する／賜る／拝受する
与える／やる	お与えになる／与えられる	差し上げる
持つ	お持ちになる	持参する

	相手側	自分側
本人	○○様／そちら様	私（わたくし）／こちら
あの人	どちら様／あちらの方	あの者（もの）
会社	御社／貴社	弊社／当社／わたくしども
役職	社長の○○様／○○社長	社長の○○／わたくしどもの社長
同行者	お連れ様／ご同行の方	連れの者／同行の者
訪問	御来社／お立ち寄り／お越し	ご訪問
意見	ご意見／ご意向	私見／考え
配慮	ご配慮／ご尽力	配慮／留意

普通語	改まった表現
きのう	昨日（さくじつ）
きょう	本日（ほんじつ）
あす（あした）	明日（みょうにち）
あさって	明後日（みょうごにち）
明後日以降	後日（ごじつ）
その日	当日（とうじつ）
この前	先日（せんじつ）
今	只今（ただいま）
こんど	この度（このたび）
前	以前（いぜん）
さっき	先程（さきほど）
あとで	後程（のちほど）
もうすぐ	間もなく（まもなく）
すぐに	早速（さっそく）
これからも	今後とも（こんごとも）
～くらい	～ほど
ちょっと	少々（しょうしょう）
すごく	大変（たいへん）
こっち	こちら
あっち	あちら
どっち	どちら
どう	いかが
いいですか？	よろしいですか？
本当に	誠に（まことに）

30　相手への配慮を上手に表現するには？

　話し方に配慮が足りないと、上司や先輩に注意されます。
相手への気配りを上手に表現するコツはありますか？

　配慮を表現するコツを身に付ける

コロナ禍でコミュニケーションが減ったことで、コミュニケーションが上手くいかないとおっしゃる方が増えました。特に配慮不足という声を耳にします。

　配慮が足りないと感じる方は、内容だけでなく、配慮を表す表現が不足している場合が多いでしょう。

クッション言葉を使う

　クッション言葉とは、緩衝材となる言葉を指します。クッション言葉を入れることで、柔らかく相手に伝えることができます。ただし、使い過ぎや同じ表現の連発は、逆効果となる場合もあるので注意しましょう。

【クッション言葉の例】
「恐れ入りますが」「失礼ですが」「よろしければ」「差し支えなければ」
「ご面倒ですが」「お手数をおかけしますが」「恐縮でございますが」
「ご迷惑をおかけしますが」「申し訳ございませんが」「あいにく」
「残念ながら」「せっかくですが」「お気持ちはありがたいのですが」
など

依頼表現を使う

　語尾の話し方にもコツがあります。指示・命令表現を依頼表現に変えることで、相手が心地よく感じます。

> 【例】指示・命令表現　　「こちらにお越しください」
> 　　　依頼表現　　　　　「こちらにお越しいただけますか？」

否定的な表現は言い換えをする

　ネガティブな内容を伝えなければならない場合には、言い換えをすることで相手に柔らかく丁寧に伝えられます。

> 【例】×「できません」
> 　　　○「いたしかねます」

　さらに「＋代替案」を伝えると前向きに伝わり、好印象です。

> 【例】「○○はいたしかねますが、△△という方法がございます。
> 　　　いかがでしょうか？」

「失礼いたします」を上手に活用する

　一般的マナーではこうすべきだけれど、ここでは異なる方法をとりたいというシーンでは、「失礼いたします」を上手に活用すると、相手に配慮が伝わるのでおすすめです。
　例えば、感染症流行期に、直接のお渡しを控えるような場合には、

> 【例】「こちらに失礼いたします」

などと一言添えると、配慮が伝わりますね。

31　報連相のポイントは？

> **Q**　報告・連絡・相談が苦手です。何を言いたいか分かりにくいと言われるのですが、どうすれば伝わりますか？また、忙しい上司の空気を読みすぎてタイミングを逃しがちです。どうすればよいでしょうか？

 リモートワークでより問われる報連相力

コロナ禍で、リモートワークが増えたことで、より報連相などの社内コミュニケーション力が問われるようになりました。報連相は簡単なようで、実は苦手な方が多いものです。

- ☐ 事実と感情を分けて
- ☐ 正しく分かりやすく
- ☐ タイムリーに
- ☐ 通信手段を的確に選んで
- ☐ 自分で

伝えることが大切です。

漏れなく伝える

伝えるべき内容が、実は漏れているという方は多いものです。例えば、相手に「それっていつの話？」「どこであるの？」「誰が？」などと聞かれる方は、内容が漏れているケースが多いでしょう。5W3H（What（何が）、When（いつ）、Where（どこで）、Why（なぜ）、Who（誰が）、How to（方法）、How much（コスト）、How many（量））を活用し、伝えたい内容をメモして話すと、漏れなく相手に伝わります。

伝わりにくい話し方をしない

　内容が伝わりにくい方の多くは、センテンス（一文）が長いか、または、用件が先に付いていないかでしょう。

　センテンスとは、文章の句点（。）までを指します。人は一文ごとに理解しますので、助詞を使い文章を長く続けると、分かりにくく感じるのです。

　また、用件を付けず、唐突に内容から入ると、相手は
「今はAの話をしているのか？Bのことか？」
と、考えながら話を聞かなければなりません。
「○○の件でお話があります」
と用件を先に伝えると、相手に伝わりやすい話し方ができます。

相手の時間に配慮する

　報告・連絡・相談をする相手にも都合があります。内容を伝える前に、
「今お時間よろしいですか？」と配慮の言葉を入れましょう。

Column	「忙しいから後にして」と言われ…

　こう言われて、上司の空気を読みすぎてタイミングを逃し、「報告が遅い」と叱られたという話もよく耳にします。
　このようなときには「○○の件でお伝えしたいことがあります。お手隙になりましたら、お声掛けください」と伝えておくとよいですね。

32　欠勤・遅刻・早退するときには？

 　　欠勤・遅刻・早退時の連絡の仕方や、欠勤・遅刻・早退した後に出社した際の振る舞い方が悪いと注意されました。どうすれば好印象でしょうか？

 影響を最小限に抑えるように努める

　仕事の時間は、会社と雇用契約を結んでいる時間です。まずは欠勤・遅刻・早退しないように努めるべきですが、やむを得ない場合には、業務への影響を最小限に抑える努力が大切です。

　そのためには、正しい手段と伝え方を意識しましょう。

欠勤時の連絡

　会社で決められた時間までに、自分で連絡します。

　基本は電話連絡です。理由は、直接伝えることができ、状況、引継ぎ内容などもその場で確認できるからです。

　また、「休みます」と断言せず、「休ませていただけますか？」と許可を得ましょう。これは仕事の時間は会社の時間だからです。

　引継ぎ内容をしっかり伝え、急ぎの用件があれば、対応を相談します。

　取引先などにも影響を与える場合には、対応の検討と、先方への連絡も忘れず行いましょう。

遅刻時の連絡

　基本は、欠勤時と同様です。加えて、何時頃に出勤できるかを伝え

ましょう。万が一、更に遅れてしまいそうな場合は、再度連絡して出勤見込み時間を伝えてください。

早退する場合

体調不良などでやむを得ず早退したい場合は、理由を伝えて許可を得ましょう。引き継ぐ必要がある業務は、引継ぎを行います。

翌日以降の欠勤が必要になるケースもあるでしょう。追加の引継ぎも行えるように、スケジュールを確認しておきましょう。

やってはいけないこと

最もやってはいけないのは、連絡しないことです。また、体調が悪い時は、つい家族などに連絡してもらおうと思うかもしれませんが、これはマイナス印象につながります。

連絡しない、他者に連絡してもらうというのは、会社では、「自分で責任が取れない、自分勝手な行為だ」と判断されます。自分で伝えられないということは、「ミスなどの自分の都合の悪い時にも、報告できないのではないか？」と上司が想像し、仕事を任せにくくなるからです。

自ら活躍の機会を減らしてしまう行為だと心得ましょう。

出社時にはお詫びとお礼を伝える

次の出社時には、仕事をカバーしてくださった上司や同僚にお詫びとお礼を伝えて仕事の引継ぎをしましょう。

◇良好な社内コミュニケーションの取り方

33　指示を上手に受けるには？

> 指示を受ける際、上司に「分かったのか？」と聞かれます。他の同期は聞かれないのに、なぜ自分だけいつも確認されるのだろう？と思います。
> 指示を上手に受けるポイントはありますか？

上司が聞くのは不安だと感じるから

上司が「分かったのか？」などと確認するのは、不安だからです。このように不安に感じるのはなぜでしょうか？

大きくはこの3点が不足しているときに不安だと感じます。

☐ 聴く姿勢や表情

☐ 返事の仕方

☐ 復唱確認や質問がない

聴く姿勢や表情

視覚印象は、コミュニケーションを左右する重要な要素です。話を聴く姿勢がダラっとしていたり、無表情で聴いていたり、アイコンタクトが取れていないと、「しっかり聴いているのだろうか？」と不安に感じます。

姿勢や表情、アイコンタクトもしっかり意識しましょう。

返事の仕方

　呼ばれたときに返事をせず、上司のところへ行く方もいらっしゃいます。この時点で上司は、指示を受ける気がないと判断します。

　「はい　只今参ります」と返事をして、速やかに対応しましょう。指示を受ける際は、相づちを打ち、最後にも「はい」としっかり返事をしましょう。

復唱確認や質問

　一度聞いただけで100％理解できていないことはよくありますね。理解度を高め、相手との意思の一致を図るためには、「復唱確認」が大切です。また、不明点はその場で質問して確認を取ることも大切です。

　復唱確認や質問は、しっかり聴いていないとできない行為です。だからこそ、上司は安心だと感じるのです。

　また、メモを取る癖もつけると、指示を遂行する精度が上がります。

Column	メモをスマホで取るのはOK？NG？

　最近多いのが「スマホメモはOK？NG？」という質問です。

　「スマホでもメモを取るのだからよいのでは？」と思っているのでしょうが、スマートフォン画面を触っている行為は、「他事をしているのでは？集中していないのでは？」と相手を不安にさせます。

　コミュニケーションは相手を不快にさせないことが基本です。仕事でのメモは、基本アナログメモを使用しましょう。

34 ミスへの正しい対応の仕方は？

 　　　先日ミスをしてしまった時に、対応の仕方が悪い
と注意されました。
ミスをした際の正しい対応の仕方を教えてください。

 影響を最小限に抑えるように努める

　ミスをしないように努めていても、誰でも
何らかのミスには直面してしまうものです。
そのような場合は、ミスの影響を最小限にと
どめることが何より大切です。対応次第で
は、より強い「信頼」を勝ち取ることにもつ
ながります。

ミスは何より報告スピードが大切

　ミスが分かったら、一刻も早く、確実に報告することが大切です。
　19世紀のフランスの皇帝ナポレオン・ボナパルトは
「良い報告は翌朝でよい。悪い報告は即刻我を起こせ」
と言ったと伝えられています。
　悪いことは、対応が後手に回ると状況が悪化し、改善までに時間が
かかるものです。ミスの報告は嫌な報告ですが、とにかく早く伝える
ことで、影響を抑える努力ができたと評価されるのです。

ミスだと伝わる用件から話す

Q31でもお伝えしたように、「用件」から必ず話しましょう。「ミスだと伝わる用件」を付けることで、上司に話が伝わりやすく、スピーディな対応につながります。

> 【例】「○○部長、○○の件でミスが発生しました。
> 　　　　今お時間よろしいでしょうか？」

潔さと前向きな締めくくり

起こったことを伝えただけのつもりが、言い訳に受け取られた経験がある方も多いのではないでしょうか？

ミスは潔く認める姿勢と、それに対する今後の対応、改善姿勢を示すことが何より大切です。

上司「なぜそんなことになったのだ？」
と、過去質問で聞かれたら、順当に考えれば、
自分「○○だからこうなりました」

と理由を答えたくなります。答えとしては合っていますが、実は上司が求める答えではありません。
「申し訳ございません。私のミスです。今回は○○でしたが、今後は○○してまいります」
と、謝罪や理由と共に、未来に向かった回答をするとよいですね。

35　分かりやすい説明の仕方は？

　会議などでプレゼンテーションする機会が増えたのですが、説明をするのが苦手です。

説明上手になるための効果的な話し方や構成の仕方はありますか？

　説明が苦手な方に多いパターン

説明が苦手な方の課題は、大きく二つです。

自身の課題を理解し、行動化すれば改善できます。

☐　構成の仕方が悪い

☐　視覚・聴覚表現が苦手

構成の仕方に課題がある方

はじめに「用件・主題」を付けましょう。次に、最も重要なことや結果を先に話します。センテンスは短く話すように心掛け、複数の話をする際は、何点話すのかを伝えるとよいでしょう。

> 本日は○○について説明します。
> ○○は 結果 を生みます。
> 特徴は3点です。①……　②……　③……
> 以上の特徴がある○○は、結果 を生むのです。

PREP法を活用する

説明に説得力を持たせる話し方にはPREP（プレップ）法などの説明手法があります。

　これは、

「Point：主題」「Reason：理由」「Example：具体例」「Point：主題」
という構成で話す話し方です。

> ○○は20代の皆様に喜ばれる商品です。（主題）
> 理由は、○○だからです。（理由）
> 例えば、……。（具体例）
> だからこそ○○は、20代の皆様に喜ばれる商品です。（主題）

視覚・聴覚表現も意識する

　内容が上手くまとまっていても、自信のない印象を与えてしまうと効果が半減してしまいます。

　聴き手に期待感や信頼感を持っていただくためには、話し出しが大切です。

　私はよく「表現の5Sで話すと落ち着いた自信のある印象で話せます」とお伝えしています。

・STAND：体からしっかり相手に向け、姿勢を正して立ちます。

・STOP：しっかり止まることでメリハリが出ます。

・SEE：相手をしっかり見ましょう。

・SMILE：笑顔で自信を持って話すと相手は余裕を感じます。

・SPEAK：大きめの声で話し出しましょう。

36　久しぶりに会う同僚とのコミュニケーションの取り方は？

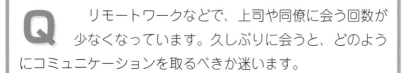

リモートワークなどで、上司や同僚に会う回数が少なくなっています。久しぶりに会うと、どのようにコミュニケーションを取るべきか迷います。

 まずは明るい挨拶から

あなたが気にしているように相手も気にしていることも多いものです。その空気をほぐすためにも明るい挨拶を心掛けましょう。久しぶりにお会いできてうれしいという気持ちが伝わるとよいですね。

名前を呼ぶ

相手の名前を挨拶や会話の中に加えると、相手は承認欲求が満たされ、あなたとの会話を心地よく感じます。名前は何度入れてもかまいません。

相手に興味を持つ

仕事では、雑談などは最小限にとどめることが基本です。しかし、リモートワーク中は、オンラインなどでの事務的な会話にとどまり、相手の近況や心理状況が分からないという方も多いでしょう。

挨拶に続けて、相手に近況などを伺う質問をするとよいでしょう。質問をされると、相手は自分を気遣ってくれている、興味を持ってくれていると感じるものです。

互いに相手の状況が分かることで、仕事も進めやすくなります。

リモートワーク中の感謝なども言葉で伝える

リモートワーク中に助かったことなどがあれば、お会いした際に、
「○○の際には、ありがとうございました」
と伝えるとよいですね。

　当然、リモートワーク中の通信手段でも感謝は伝えているでしょうが、通信手段では空気感まではなかなか伝わりません。直接伝えられると相手もうれしいと感じるものです。

　このような「承認」は、相手との信頼関係を築く上で大きな効果を発揮します。

　苦手な方は、次にお会いした際、相手に伝えたい「ありがとうリスト」をメモでストックしておいてはいかがでしょうか？

【承認の言葉の例】
「ありがとうございます」「大変助かりました」「さすがですね」
「すごいですね」「感謝しています」「素晴らしいですね」
「うれしいです」「素敵ですね」「勉強になります」など

＜ワンポイント知識＞

聴くことを意識すると上手くいく

　コミュニケーション上手というと、話し方に注力しがちですが、結果の出るコミュニケーションには「傾聴」が大切です。

　例えば、うなずきや相づちなどは、相手の話を聴いているサインです。特に前向きに聴く姿勢を示したいときには、姿勢を正して5度程度前傾姿勢で聴くとよいでしょう。

　積極的に話を聴くためには、質問力を向上させるとよいですね。

　質問には様々な種類がありますが、前向きに会話を進めるには、肯定質問や未来質問を意識するのがおすすめです。

　また、相手に寄り添った聴き方をする際には、「オウム返し」や「共感表現」を意識して活用しましょう。

　傾聴にはそれぞれ癖や、苦手な部分をお持ちの方も多いので、コミュニケーションを改善したいときには、傾聴を学んでみてはいかがでしょうか？

　面接、部下指導、営業、接客、日々のコミュニケーションまで幅広く使えるスキルです。

2．コミュニケーションツール利用のマナー

コミュニケーションツールとは、通信手段のことです。

ビジネスで主に使われる主な通信手段は、
・電話
・メール
・ビジネス文書
・FAX
ですが、近年ではSNSやチャットなども
頻繁に使われるようになってきました。
感染症流行によるリモートワーク推進などにより、
使用する通信手段の割合などが変化したという方も
いらっしゃるでしょう。

このような通信手段には、それぞれ特徴があり、
その特徴やメリット、デメリットを理解した上で、
今、どの通信手段を活用すべきかを考え、
適切な使い方をしなければ、伝達が遅くなってしまったり、
相手に失礼だと受け取られるケースなどもあります。

ここでは、それぞれのコミュニケーションツールごとに
ポイントや活用方法についてお伝えします。

◇電話応対の基本マナー

37　電話の受け方・かけ方のポイントは？

 Q これまで携帯電話で自分の知っている方ばかりとのやり取りだったので、電話応対が苦手です。正しい電話応対について教えてください。

A **姿勢や表情は声に表れる**

電話では姿は見えませんが、声を通じてその印象は伝わります。目の前に相手がいるようなつもりで話しましょう。

電話の特性

- □　声だけが頼り
- □　相手の状況が見えない
- □　相手の時間コストを使っている

受ける側もかける側も、相手に配慮することが大切です。

＜受ける側＞

相手を待たせず出る

＜かける側＞

用件などをまとめてから電話する

受ける側のマナー

＜基本は3コール以内に出る＞

　（3コール以上）「お待たせしました」

　（5コール以上）「大変お待たせしました」

＜保留の時間は30秒以内＞

　30秒以上かかる場合は、別の対応をする。

＜必ず名乗る＞

　（社名のみの場合）　　　「はい、○○会社でございます」

　（社名と名前の場合）　　「はい、○○会社○○でございます」

　（社名と部署名の場合）「はい、○○会社○○部でございます」

＜復唱確認と感謝の言葉を忘れない＞

　（相手の名乗りの後）

　「○○会社の○○様でいらっしゃいますね。いつもお世話になっ
　　ております」

　（取次ぎを依頼されたら）

　「○○でございますね。少々お待ちいただけますか？」

Column	絶対時間と体感時間

　時間の流れ方には絶対時間と体感時間があります。絶対時間は1分は1分、1秒は1秒、誰でも変わりませんが、感じる時間である体感時間は異なります。

　電話応対では、待っている側と待たされている側の時間の感じ方は大きく異なるのです。相手の感じる時間にも配慮することが大切ですね。

かける側のマナー

＜電話する前に、用件などをまとめる＞

□ 話す用件

□ 相手の部署名や担当名を確認する

□ メモや資料を手元に準備する

＜正しく名乗り、取次ぎ依頼をする＞

「お世話になっております。○○会社の○○と申します。

恐れ入りますが、○○部の○○様はいらっしゃいますか？」

＜取次ぎ相手にも名乗る＞

相手「お待たせいたしました。○○でございます」

自分「○○会社○○と申します。いつもお世話になっております」

相手「○○様、こちらこそいつもお世話になっております」

自分「○○の件でお電話いたしました。

今お時間よろしいでしょうか？」

Column	かける時間への配慮

　忙しい時間は落ち着いて話すことができません。また、昼休憩前や終業前などの時間は、できれば電話を受けたくないというのが心情ではないでしょうか？「今、相手はどのような時間帯だろうか？」と想像し、勤務時間などが決まっている相手先などであれば、相手が忙しい時間帯を外すのも大切な配慮です。やむを得ずかける時には「お忙しいところ失礼します」と配慮を表現するとよいですね。

電話応対の基本の流れ

　こちらは、電話応対の基本的な流れです。正しい電話応対は、好印象を与えるだけでなく、ミス・ロスを防ぐことにもつながります。

かける側	受ける側
用件を整理して電話する	3コール以内に出る
	「はい　○○会社　○○でございます」
「お世話になっております。△△会社の△△と申します」	
	「△△会社の△△様でいらっしゃいますね。いつもお世話になっております」
「恐れ入りますが、○○部の○○様はいらっしゃいますか？」	
	「○○部の○○でございますね。少々お待ちいただけますか？」
「よろしくお願いいたします」	
	保留30秒以内
	「△△様、お待たせいたしました。担当の○○でございます。いつもお世話になっております」
「△△会社　△△でございます。こちらこそいつもお世話になっております。本日は、○○の件でお電話いたしました。今お時間よろしいでしょうか？」	
	「はい、大丈夫です」
用件を伝える	
互いに復唱するなど確認する	
「よろしくお願いいたします。失礼いたします」	
	「よろしくお願いいたします。失礼いたします」
かけた側、目上から切る	

38　取次ぎ相手が不在時の対応は？

 　　固定電話を使い慣れていないので、取次ぎや不在
対応が苦手です。特に、取り次ぐ担当者が不在の際、
どう伝えればよいのか迷います。

 電話の取次ぎの役割

　携帯電話やスマートフォンに慣れていると、取次ぎが苦手という方
は多いですね。会社にとって固定電話は企業としての信頼の証でもあ
り、かつ代理対応などを行うことで、チャンスロスをなくす大切なも
のでもあります。

　取次ぎのポイントは、**Q37**の「電話応対の基本の流れ」を参考に30
秒以内に取り次ぎましょう。

不在時の対応の仕方

　30秒以上かかってしまう場合には、理由を告げて提案やお伺いを立
てるのが基本です。

　ここでは、すぐに取次ぎができない場合の代表的な対応例をご紹介
しましょう。

電話中	「申し訳ございません。あいにく○○は電話に出ております ので、終わり次第こちらからおかけしましょうか？」
すぐ戻る 場合	「申し訳ございません。只今○○は、席を外しております。 戻り次第○○からご連絡いたしましょうか？」
外出中	「申し訳ございません。あいにく○○は外出しておりまし て、○時に戻る予定でございます。よろしければご用件を承 りますがいかがいたしましょうか？」

　不在対応の場合は、伝言を預かります。伺った内容は、必ず復唱確認して、最後は、自分の名前を名乗ります。

> 復唱いたします。○○様、お電話番号が○○○－○○○○、ご用件が…でございますね。
> ○○に必ず申し伝えます。私○○が承りました。

伝言メモに残す7項目

① 受電日時
② 名指し人
③ 相手先
④ 用件
⑤ 要望
⑥ 連絡先
⑦ 自分の名前

Column　　**携帯番号教えてと言われたら？**

　指示がなければ、会社から貸与されている携帯電話であっても、教えないのが基本です。「では○○に連絡を取りまして、○○からご連絡させていただきます。恐れ入りますが連絡先をお聞かせいただけますか？」と伝えましょう。

39　電話応対で困ったときのフレーズは？

　　　電話応対でイレギュラーがあった際、どのように
　　　　返せばよいのか分からないことがあります。例えば、名前が聞き取れない場合などです。
　どのように伺えばよいでしょうか？

　聞き返すことは失礼ではない

　相手の話が聞き取れない場合などに、聞き返しにくくスルーしてしまうと、的確に情報が伝わらないことで、相手に失礼な行動につながったり、問題が大きくなることもあります。

代表的な応対フレーズは覚えておく

　他にも相手にどのように伝えればよいのか迷うシーンはあるでしょう。

　ここでは、困ったときに使える代表的なフレーズをご紹介します。

＜相手の声が聞き取れない（小さい）場合＞
　声が小さいなど相手に非がある言い方を避けて伝えましょう。

　恐れ入りますが、少々お電話が遠いようでございます。
　もう一度お聞かせいただけますか？

＜自分では対応できないことを聞かれた場合＞

素直に分からない旨を伝えて、代替案を出しましょう。

> 私では分かりかねますので、対応できる者におつなぎいたします。
> 少々お待ちいただけますか？

> お調べいたしますので、少々お待ちいただけますか？

> 担当者から折り返しのお電話をさせていただきますので、
> ご連絡先をお伺いしてもよろしいでしょうか？

＜担当者の携帯番号を教えてと言われた場合＞

携帯電話の番号は許可なく教えてはいけま
せん。たとえ相手から「こちらから電話をか
けたい」や「急ぎだから」と言われても、次
のような対応をするのが基本です。

> 社の規定で、携帯番号は許可なくお伝え
> できかねます。
> ○○に連絡を取りまして、折り返しご連
> 絡させていただきます。

＜クレームの電話を受けた場合＞

自分が担当者でなくても、初期謝罪をしっかり伝えましょう。

> ご迷惑をおかけして、誠に申し訳ございません。

> ご不快な思いをさせてしまい、誠に申し訳ございません。

40　携帯電話やスマートフォンを使う際は？

 リモートワークが多いこともあり、互いに携帯電話やスマートフォンを使うことが増えました。
携帯電話やスマートフォンを使う際に気を付けることはありますか？

 携帯電話やスマートフォンでも名乗りは必要

携帯電話やスマートフォンでも、かける際も受ける際も必ず名乗りましょう。

たとえ、互いに番号や名前が端末に表示されていても、挨拶や名乗りは入れることがマナーです。

はい
○○でございます。

使用する場所に注意する

どこでも使用できる携帯電話やスマートフォンは、固定電話以上に相手の環境が分かりません。使用する場所によっては、情報漏洩の危険があったり、相手にご迷惑をおかけすることもあります。

相手に配慮するためには？

相手に用件や所要時間を端的に伝え、通話できる環境かどうかを伺いましょう。

○○の件でお電話いたしました。
今○分程お電話よろしいでしょうか？

社会のルールは必ず守る

　当たり前ですが、運転中、病院などの通話してはいけない場所では使用してはいけません。

　また、着信音が鳴ることでご迷惑になったり、相手が気を遣う場面では、マナーモードに設定するとともに、端末を出しておかない、通話を控えるなどの配慮も必要です。

会社の携帯と自分の携帯は別

　会社から貸与された携帯電話やスマートフォンをプライベートでも使用するのは、公私混同ですので避けましょう。

Column	今はNGのもしもしの由来

　電話に出る際、「もしもし」と言っていませんか？
　ビジネスでは「もしもし」は使いません。
　ではなぜ「もしもし」と使うようになったのでしょうか？
　諸説ありますが、明治時代、電話が開通した頃は交換手が電話をつないでいました。当時はつながるのに時間がかかることもあり、女性交換手が「申します。申します」と言っていたものが、「もしもし」に縮まったといわれています。
　今は必要のない言葉なのですね。

◇メールの基本マナー

41 メールのメリットとデメリットは？

 Q コロナ禍でメールでのコミュニケーションが今まで以上に多くなりましたが、部下のメールの使い方が気になります。メールの正しい知識を指導したいのですが、メールにはどんな特徴がありますか？

A ビジネス通信の主流となったメール

メールは、ビジネス通信の主流ともいえます。コロナ禍でリモートワークが増えたことで、メールでのやり取りがより一層増えています。

メールは、感染症流行期のコミュニケーションでも利便性の高い通信手段ですが、使い方を間違えると、的確にコミュニケーションが伝わらないケースもあります。

メールのメリット	メールのデメリット
□ 早く届く	□ すぐに読まない可能性がある
□ 時間、都合を気にせず送れる	□ 返信が来るまで伝わったか分からない
□ データ送信ができる	
□ 一斉送信ができる	□ ニュアンスが伝わりにくい
□ 履歴が残る	□ セキュリティ
	□ 履歴が残る

メール以外の通信手段も検討する

このようにメールにはメリット・デメリットがあり、他の通信手段が適していることもあります。

例えば、緊急性を要する報告などは、すぐに読むか分からないメールよりも、電話が適しています。今、どの通信手段を使うべきかを的確に判断しましょう。

To、Cc、Bccの使い分け

送信先を入れる際には、To、Cc、Bccを正しく使い分けることが大切です。使い分けを間違えると、相手にご不快な思いをさせるだけでなく、個人情報漏洩につながる場合もありますので、注意しましょう。

To	宛先。送信する相手を入れます。
Cc	カーボンコピーの略。共有する相手を入れます。 ToとCcに入れた相手には、メールアドレスも共有されます。
Bcc	ブラインドカーボンコピーの略。情報は共有されますが、メールアドレスにブラインドがかかります（メールアドレスは表示されません。）。

メールアドレスも個人情報です。情報共有したいが、メールアドレスは隠したい場合などには、「Bcc」を使用しましょう。

添付ファイルの容量に注意する

データを送受信する先には、容量にも注意しましょう。

相手が携帯電話のメールアドレスの際には、添付ファイルは避けてください。ダウンロードファイルなど、別の方法で共有したり、相手に共有方法の要望を伺うなどするとよいですね。

42　メール送受信のポイントは？

　これまでほとんどSNSメッセージでやり取りしていたので、メールは不慣れです。

メールのマナーで注意するポイントはありますか？

　正しいメールは設定から

　メールは、送信時に自分の社名や部署、名前などが表示されるように設定し、相手が受信トレイで、誰からのメールか分かるようにしましょう。

　携帯電話やスマートフォンに転送され、送受信する可能性がある方は、携帯電話やスマートフォンも設定しておきましょう。

署名は、メール内の名刺の役割

メールの署名作成も、最初に行う重要なポイントです。

肩書や連絡先などが変わったら、見直しすることも大切です。

＜署名内容＞

☐ 社名、部署名、肩書

☐ 名前

☐ 連絡先

メールは簡潔に書くのが基本

メールは簡潔に記載するのが基本です。

☐ ニュアンスを伝えたいのであれば、電話をする

☐ 複数用件は、別メールに分ける

やむを得ず長めになる場合には、「長文失礼いたします」と配慮の一言を加えるとともに、箇条書きなどで読みやすく伝えます。

受信したら早めの返信が基本

Q41の「メールのデメリット」で、すぐに読まない可能性があると紹介しました。だからこそ、相手は読んだか不安に感じることがあります。読んだら早めの返信が鉄則です。

すぐに返事が書けない場合には、

「メール拝受しました。

○○の件については、○時頃に改めてご連絡いたします」

と伝えておくと、相手はメール内容が伝わったことが分かるので安心します。

Column	相手の都合で読むから何時でもOK？

Q41で紹介したように、メールは相手が都合の良い時に読むことができます。

しかし、相手が携帯電話やスマートフォンの場合は、夜間や早朝のメール着信はご迷惑になります。パソコンから転送をかけている方も多いので、緊急性を要しない場合は、遅い時間や早朝のメールは避けましょう。

43　メールの書き方マナーは？

 先日、メールの書き方が悪いと注意されました。他の方のメールともレイアウトなどが違う気がします。

 ## メールの構成

　メールは以下の基本構成にのっとって記載することで、読みやすく分かりやすいメールを書くことができます。

① 宛名
② 挨拶文と名乗り
③ 主文
④ 末文
⑤ 署名

メール送信時のレイアウトのポイント

☐ 視覚で捉えやすく書く
☐ 適宜行間を取る
☐ 30〜35文字で改行する
☐ 1センテンス（一文）を短くする
☐ 箇条書きにできることは箇条書きにする

＜メールのレイアウト例＞

件名	○○の資料を送付させていただきます。

株式会社○○
○○部　部長
○○○○様

お世話になります。
○○株式会社　○○でございます。

○○について
資料を送付させていただきます。
ご不明点がございましたら、私　○○までご連絡ください。

よろしくお願いいたします。
＊＊＊＊＊＊＊＊＊＊＊＊＊＊＊＊＊＊＊＊＊＊＊＊＊
○○株式会社　○○部
○○○○
連絡先……
＊＊＊＊＊＊＊＊＊＊＊＊＊＊＊＊＊＊＊＊＊＊＊＊＊

相手が携帯電話やスマートフォンアドレスの場合

　メールアドレスが携帯電話やスマートフォンの場合は、改行しすぎると、逆に読み取りにくいと感じる場合があります。

　センテンスを短くするとともに、句点（。）で改行すると相手は読みやすいと感じます。

◇FAXやビジネス文書の基本マナー

44　FAXの送受信マナーは？

 FAXを送受信することがあります。
　自宅にFAXがなかったので、どのようなことに気を付ければよいか分かりません。
　注意するポイントはありますか？

 FAXの特徴

　FAXは視覚的なやり取りができ、ビジネスでは使用頻度が高いやり取りです。メールに、ある程度置き換わっていますが、業種、内容によっては頻繁に使われますので、マナーはしっかり押さえておきたいですね。

送受信する際の注意点

- □ 送信票を付ける
- □ 用紙の端は広く空けて文書を作る
- □ 手書きの際は、濃く消えない筆記具を使う
- □ 見づらい文字や込み入った地図などは拡大する
- □ 大量送信は避ける
- □ 親展や機密性が高いやり取りは避ける
- □ FAX番号を間違えないようしっかりチェックする
- □ 送信後には事後連絡をする。内容によっては事前・事後の両方連絡をする

　社内では送信票を割愛するケースもありますが、社外には必ず送信票を付けます。

送信票には、「相手の社名・部署・肩書・名前」「送信側の社名・部署・名前」「送信日」「用件」「挨拶文」「送信枚数」を記載します。

FAXの送りっぱなしはNG

FAXは会社や部署で共有しています。コピーとの複合機である場合も多いでしょう。電話連絡などを入れないと、他の文書などと混じって、相手の手元にすぐに届かないケースや、紛失も発生します。

FAXを送ったら、
「○○のFAXを送りました。ご確認ください」
と連絡を入れましょう。

機密性が高い場合は、事前連絡、事後連絡の2回連絡し、的確に相手に届くように努めてください。

感染症流行期は、相手が社内にいるか確認する

リモートワークが増える感染症流行期には、FAXを受け取れる状況かを確認してから送るようにしましょう。

Column　　誤送信したFAXを取りに行った上司

ある企業様では、誤送信が起こった際には、どこであっても必ず送信したFAXを取りに行くルールでした。それは、たとえ沖縄から北海道であってものことです。

ある時、誤送信が発生。かなり遠方だったそうですが、実際にFAXを飛行機に乗って取りに行ったそうです。送信前にはしっかり確認したいものですね。

45　ビジネス文書の基本マナーは？

> **Q** ビジネス文書を書くことがあります。以前先輩が書いたものを真似しながら書いていますが、できているのか不安です。
> 基本的な構成やマナーを教えてください。

 ビジネス文書には社内文書と社外文書がある

ビジネス文書には社内文書と社外文書があります。基本的には紙でやり取りされるものですが、リモートワークも多くなり、データでやり取りされることも増えています。

社内文書とは？

社内でやり取りされる文書です。組織内でのやり取りですので、丁寧語の「です・ます」で、簡潔に記載します。

- ☐ 連絡・通達：回覧、通知書など
- ☐ 指示・命令：指示書、辞令など
- ☐ 報告：日報、出張報告など
- ☐ 企画・計画・調査：企画書、計画書、調査書など
- ☐ 記録：議事録など
- ☐ 稟議・届出：稟議書、届出書など
- ☐ 理由・始末：理由書、始末書など

社外文書とは？

社外に出す文書なので、会社の顔となる文書です。書式、言葉遣い

に十分注意して記載しましょう。

□ 取引：契約書、見積書、発注書、請求書、
　納品書、謝罪文など

□ 案内：案内状、通知状、紹介状、推薦状
　など

□ 社交：挨拶状、招待状、礼状、お悔やみ、
　年賀状など

社外文書の基本構成

社外文書は基本の書式が決まっています。

□ 右上に送付する日付けを記載する

□ 相手先は左上に、正式な社名・肩書・名前を記載する

□ 相手先よりも少し下げて、右側に同格の発信者を記載する

□ 用件をセンタリングして記載する

ここまでが用紙上部、3分の1に入っていると、定型封筒に入れた際、開封時に見やすい文書に仕上がるでしょう。

□ 本文は形式にのっとって記載する

□ 詳細や同封物は、記書きに記載する

□ 内容を書き終えたら、「以上」と締める

□ 用紙の下座である右下に、担当者名・連絡先を記載する

□ 最後に文書を確認する

本文作成に使える簡単文書作成リスト

本文は、「頭語」「時候の挨拶」「祝意」「謝意」「主文」「末文」「結語」で構成されます。

頭　語	結　語
拝啓	敬具・敬白
謹啓	謹言・謹白
拝復	敬具
前略	草々

1月	新春の候　初春の候 厳寒の候　寒冷の候	7月	盛夏の候　酷夏の候 酷暑の候　猛暑の候
2月	余寒の候　晩冬の候 立春の候　春寒の候	8月	残暑の候　晩夏の候 晩暑の候　立秋の候
3月	早春の候　浅春の候 春分の候　軽暖の候	9月	初秋の候　新秋の候 新涼の候　名月の候
4月	晩春の候　陽春の候 春暖の候　桜花の候	10月	秋冷の候　仲秋の候 紅葉の候　錦秋の候
5月	新緑の候　薫風の候 立夏の候　緑風の候	11月	晩秋の候　向寒の候 落葉の候　涼冷の候
6月	初夏の候　梅雨の候 入梅の候　向夏の候	12月	初冬の候　師走の候 寒冷の候　冬至の候

貴社 貴店 皆様 ご一同様 貴校	ますます	ご清栄 ご盛栄 ご発展 ご活躍 ご健勝		のこととお慶び申し上げます。
平素 日頃 毎々 常々 いつも	格別の 一方ならぬ 多大な	お引き立て ご愛顧 ご指導 ご厚情 ご高配 ご支援 ご協力	を賜り にあずかり くださり をいただき を受け	厚く御礼申し上げます。 心より御礼申し上げます。 誠にありがとうございます。 深謝申し上げます。 誠にありがたく御礼申し上げます。
どうぞ 何とぞ あしからず	ご指導 ご高配 ご伝言 ご返事 ご了承 お許し	を賜りますよう のほど くださいますよう		お願い申し上げます。 お願いいたします。
まずは 以上	取り急ぎ	用件		まで。 申し上げます。

文書レイアウト参考例

〇〇〇〇年〇月〇日

株式会社〇〇
代表取締役
〇〇〇〇様

〇〇株式会社
代表取締役社長
〇〇〇〇

〇〇発表会のご案内

拝啓　〇〇の候　貴社ますますご盛栄のこととお慶び申し上げます。
平素は、格別のお引き立てを賜り、厚く御礼申し上げます。
　さて、この度私どもでは、新商品「〇〇」を発売させていただく運
びとなりました。
　つきましては、下記のとおり発表会を開催させていただきます。
ぜひご出席賜りますよう、ご案内させていただきます。
　今後とも、何とぞご高配を賜りますようお願い申し上げます。
　まずは書中にてご案内申し上げます。

敬具

記

・日時：〇〇〇〇年〇月〇日（〇曜日）
　　　　〇時～〇時
・場所：〇〇〇〇ホール

以上

担当：〇〇部　〇〇〇〇
連絡先……

46　封筒の書き方マナーは？

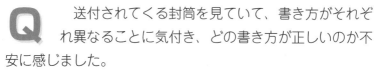

送付されてくる封筒を見ていて、書き方がそれぞれ異なることに気付き、どの書き方が正しいのか不安に感じました。

郵送する際の封筒にも、正しい書き方はあるのでしょうか？

 封筒の書き方にもマナーがあります

封筒を書く際には、「住所」「会社名」「部署」「肩書」「名前」を略さず書くことが基本です。

基本は、名刺に記載されている内容です。

横書きか縦書きか？

ビジネスでは文書は横書きが多いので、封筒も横書きにすることが多いでしょう。

縦書きの手紙を送付する際や、年賀状などの挨拶状を縦書きで記載した際は、宛名も揃えて縦書きにするとよいですね。

縦書きでは、数字は漢数字を使うのが基本です。住所の番地や階などは、全て漢数字に変えましょう。

分かりにくい数字は、「十、百」などの単位を使います。特に、「一、二、三」は区切りが分かりにくく誤配の原因となりますのでご注意ください。

封筒の書き方例

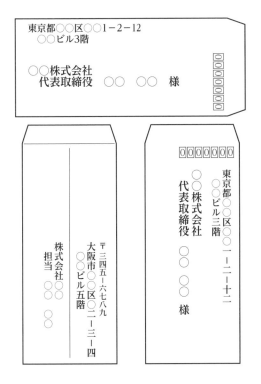

記載する際のポイント

　文字の大きさは、住所よりも宛名を大きめに書きます。住所は封筒の3分の1程度のスペースに記載し、宛名が中央にくるように記載しましょう。住所や宛名が2行にわたる場合は一文字下げて書くと、分かりやすく記載できます。

　縦書きの際、裏書きは中央に書くのが正式です。最近は左に寄せて書くことも多いので、左でも問題ありません。

　封筒は、必ず糊付けで封をして、封緘語「封」「緘」「〆」などを記載します。お祝い事には「賀」「寿」なども使われます。

47　季節の挨拶状のマナーは？

　　リモートワークやオンライン商談などが増えて、
お会いする機会が少ないので、今年は季節の挨拶状
をしっかり送ることにしました。
　書き方のマナーを教えてください。

季節の挨拶状とは？

　季節の挨拶状とは、年賀状、暑中見舞いな
どです。主にはがきでやり取りされることが
多いでしょう。このような季節の挨拶状にも
マナーがあります。ここでは、皆様が最も送
ることが多い年賀状のマナーをご紹介しまし
ょう。

年賀状のマナー

☐ 構成は、「賀詞」「添え書き」「年号」が基本
☐ 仕事用の賀詞は、4文字または文章の賀詞を使う
☐ 添え書きに賀詞を入れない
☐ 年の初めのめでたいときには「、」「。」を使わず書く
☐ 「元旦」は、1月1日朝の意味

　賀詞は、「賀」「賀正」「謹賀新年」「あけましておめでとうございま
す」など様々です。実はこの選び方にもポイントがあります。
　漢字のみの賀詞には意味があり、文章化すると「賀」は「祝う」、「賀
正」は「新年を祝う」とカジュアルな表現です。
　これと比べて、「謹賀新年」は「謹んで新年をお慶び申し上げます」

という意味です。このような意味を知ると、四文字の賀詞か、文章の賀詞を使った方がよいことが分かりますね。

　なお、賀詞に「新年あけましておめでとうございます」と書く方がいらっしゃいますが、これは重複表現です。「あけまして」の意味は「年が明けて」なので、新年と同意味です。

　また、添え書きの中に賀詞に当たる言葉を書くのは、賀詞被りになるので、書かないようにしましょう。

「、」「。」は切るという意味

　「、」「。」は文章を区切る際に使うので、めでたいときには使わず、改行やスペースなどで工夫しましょう。

喪中はがきが届いた方には？

　喪中はがきが届いた方には、年賀状は出しません。松の内が明けた頃〜立春までに「寒中見舞い」を出すとよいでしょう。

　挨拶しないのではなく、どのような挨拶をするのかを考えていただくとよいですね。

　なお、立春を過ぎてしまった場合は、「余寒見舞い」として2月末までに出すとよいでしょう。

◇SNSのマナー

48　SNSのビジネス活用で注意することは？

 　　　最近、お客様からメールではなくSNSでのやり取りの方が都合がよいと言われます。
　SNSを仕事で使用する場合、気を付けるべきポイントはありますか？

 リモートワークで進んだSNSのビジネス活用

　プライベートで活用するものだったSNSも、近年ビジネス活用が進んでいます。コロナ禍でリモートワークが進んだことで、その傾向は更に加速化しています。

　プライベートで使い慣れているからこそ、ビジネスでの使い方は注意が必要です。安易な使い方をしてしまうと、カジュアルすぎて相手に不快感を与えたり、情報漏洩などにもつながります。

SNSメッセージ送受信の注意点

☐ SNSを使用してよいシーンかを考える

☐ SNSで連絡を取ってよい相手かどうかを考える

☐ 送信時間に注意する

☐ 既読スルーをしない

☐ スタンプのみなどのカジュアルすぎるやり取りをしない

☐ 機密性の高い情報は送らない

　携帯電話やスマートフォンでのやり取りが多いSNSは、通知設定などにより、夜間や早朝は相手にご迷惑です。遅くても21時までにして、朝は8時以前のやり取りは控えましょう。

タイムリーなやり取りを求めるSNS

　SNSでは、よりタイムリーなやり取りを相手は求めています。早めの返信を心掛けましょう。

　また、スタンプなどは、基本的にカジュアルなやり取りです。スタンプのみでの会話は、ビジネスでは控えましょう。

SNSの公開ページ

　個人の公開ページでは、投稿情報にも注意を払う必要があります。たとえ匿名ページでも、情報の取扱いには注意し、誹謗中傷などはしてはいけません。

　また、写真など個人情報に当たる内容の掲載に当たっては、必ず本人の確認を取ることが必要です。

Column　　**自分の意見では済まされない**

　接客業をしている方が、自身の匿名ページで考えや意見を投稿していました。コロナ禍で「マスクをする人は馬鹿だ。マスクは絶対しない」と投稿したところ、会社に「御社の社員ですよね？感染対策に不安のある店には行けません」というご意見が届きました。

　どう考えるかは自由ですが、公開情報として投稿することには責任が伴うことを忘れてはいけません。

49　上司、同僚、お客様から友達申請があったら？

 SNSに上司や先輩、同僚からの友達申請が来るの
ですが、必ず受けるべきでしょうか？
お断りしたい場合、失礼のない伝え方はありますか？

 使い方を明確に決める

SNSのプライベートページへの、職場関係
者からの友達申請に悩んでいる方は多いもの
です。

公開性の高いもののため、使用していれば
ある程度避けられません。リスクとリターン
を常に自分でコントロールすることが必要で
す。

「完全プライベート」か「仕事関係も受け入れるのか」どちらかを
明確に決めておくとよいでしょう。中途半端に一部を受け入れてしま
うと、受け入れていただけない方との関係性が悪くなるおそれがあり
ます。

セキュリティ設定で自己管理

SNSでは、公開設定を自分で管理しておくことが大切です。

最初にご覧いただける画面に「このページは友人のみの完全プライ
ベートなやり取りとさせていただいております」などの記載をしてお
くのもよいでしょう。

友達申請をお断りしたい場合

　設定をしても、友達申請が来てしまうこともあるかもしれません。申請してくださるのは、あなたに親近感を持ってくださっている証拠ですので、丁寧な対応を心掛けましょう。

　やむを得ずお断りする場合には、失礼に当たらないように伝えることが大切です。

【例】友達申請ありがとうございます。
　　　大変申し訳ございません。こちらは友人のみの
　　　完全プライベートなページとさせていただいております。
　　　友人同士のやり取りしか行っておりませんので、
　　　ご了承ください。
　　　今後ともよろしくお願いいたします。

　このように、「感謝」「理由」「謝罪」を伝えてください。

　また、SNSだけでお断りするのではなく、お会いした際などには、再度お詫びを述べましょう。

Column　　SNSは見られている意識を持ちましょう

　採用活動などの際にも、SNSを確認している企業は多いものです。どのような投稿をしているのかを確認することで、人柄などが分かるだけでなく、情報漏洩リスクのある社員になるおそれがないかなども確認しているのです。

　誰でも容易に情報発信ができるということは、裏を返せば、常に見られているのです。そのような意識を常に持つことが大切ですね。

50　ビジネスチャットの正しい使い方は？

 リモートワークが多くなったことで、ビジネスチャットを使ったやり取りも増えました。
ビジネスチャットで気を付けるポイントはありますか？

 あくまで業務連絡

ビジネスチャット量が多くなり、チャット疲れをしている方も多いようです。あくまで業務連絡であることを意識し、伝達すべき内容は一度のチャットで伝えましょう。5W3Hを活用するとよいですね。

限られたメンバーはグループチャットに

チャットは、内容が画面上から流れ、埋もれやすい傾向にあります。必要な方に届きやすくするためにも、グループチャットを上手く活用するとよいですね。

クイックレスポンスが大切

チャットではスピードが求められます。
クイックレスポンスを心掛けてください。
すぐに返事ができない内容は、
「確認しました。○時までに返信します」
などと伝えておくとよいですね。

メールとの使い分けをする

特徴を理解し、適切に使い分けることも大切です。

メール	チャット
☐ 挨拶定型文や署名あり	☐ 挨拶、署名なし
☐ 少し長めの内容も送れる	☐ より端的に
☐ 即レスポンスは求めない内容	☐ スピーディなやり取り

メール？ チャット？

無機質にならないように気を付ける

端的にやり取りすることは大切ですが、コミュニケーションを円滑にするためにも「ありがとうございます」「助かりました」などの感謝の感情は、しっかり伝えるよう心掛けましょう。

業務時間内のみにする

ビジネスチャットが盛り上がって、仕事が終わらなくなったという方もいらっしゃいます。互いのプライベートにも配慮して、ビジネスチャットの利用時間は、基本業務時間内のみとしましょう。

リモートワークだからこそ、メリハリが大切です。

＜ワンポイント知識＞

ビジネスシーンでありがちな気になる話し方

　電話応対シーンなどで相手の話し方が気になることはありませんか？丁寧に述べているように感じるが、実は間違った話し方をしている方は多いものです。

　例えば、お客様からの電話に対して該当社員が休みであることを伝える際「○○はお休みを頂戴しております」という言い方をしていませんか？正しくは「○○は休みを取っております」です。

　相手の名前を聞きたいときにも間違った話し方をされる方がいますね。「お名前を頂戴してもよろしいでしょうか？」というのは、分かりやすくフランクに訳すと「名前もらえる？」と言っていることになります。名前はもらうものではなく、聞くものです。

　「お名前をお聞かせいただけますか？」「お名前を伺ってもよろしいでしょうか？」などと言うとよいですね。

　このように、実は間違ったビジネス敬語表現を使っていることは多いものです。疑問に思ったら調べてみるとよいですね。

第 3 章

新しい生活様式に対応した
お客様応対のマナー

122

1．お客様応対時のマナー

来客・訪問応対をする方は、「会社の顔」です。
また、応対品質により、会社のマナーレベルも問われる
重要なシーンです。

アポイント、準備、受付や案内誘導、名刺交換、お茶出し、
お見送り、応対後など、様々なポイントで
相手は企業を評価しています。

さらにコロナ禍では、直接お会いする際には、
感染予防も重要なマナーとなりました。
刻一刻と変化する状況下で、対応に迷ったり
苦慮なさった方々もいらっしゃるのではないでしょうか？

ここでは、直接お会いする来客・訪問応対時の基本マナーや、
感染症流行期に配慮すべきポイント、伝え方などを
お伝えします。

◇来客応対時のマナー

51　アポイントの取り方は？

　お客様にアポイントを取ることになりました。
商談方法や場所の決め方などで気を付けるポイントはありますか？

　相手に伝えるべき内容

下記の内容を伝えてアポイントを取りましょう。

□　用件
□　所要時間
□　同行者（参加者）の人数や立場
□　商談方法（訪問、来社依頼、待ち合わせ、
　　オンライン商談）
□　日程の選択肢

内容が十分でないと、相手にご迷惑をおかけすることもあります。例えば、同行者を伝えず、上司を連れて行ってしまった場合、相手が恐縮するとともに、恥をかかされたと感じることもあるでしょう。また、予定より多い人数で伺うと、用意した場所では席が足りず、再度場所を設定し直すなど、相手に手間をかけたり、時間ロスが発生することもあります。

情報は、漏れなく伝えてアポイントを取ることが大切です。

商談方法は、選択肢を設けるとよいでしょう。特に感染症流行期にはオンライン商談を選択肢に入れておくとよいですね。

＜アポイント依頼例＞

> ○○の件で、打合せをさせていただきたいのですが、
> 1時間ほどお時間をいただけないでしょうか？
> ご迷惑でなければ、私どもの社長○○と私2名で
> 御社にお伺いさせていただきたいと存じます。
> ○月○日〜○月○日頃のご都合はいかがでしょうか？

アポイントのお礼と確認

アポイントが取れたら、お礼と確認の連絡を入れます。少し先の約束の場合は、日程が近づいたら確認と挨拶をするとよいですね。

> ○月○日は○○の件でお時間をいただきありがとうございます。
> 当日は上司の○○と、午後○時に伺います。
> よろしくお願いいたします。

Column	感染症流行期は臨機応変な対応を

お会いするアポイントを取っていても、感染症流行期に入ってしまった場合には、臨機応変に変更することも大切です。

相手からはなかなか言い出せないこともあるでしょう。自ら提案する姿勢を持つことも、相手への配慮です。特にアポイントを取った側から伝えられるとよいですね。

52　室内準備のポイントは？

 お客様にご来社いただくことになりました。
お迎えするに当たり、必ずしておくべきことや、
準備のポイントはありますか？

　余裕を持って会場を押さえる

　お客様の人数や商談内容、時間に合わせて会場を確保します。社内の予約状況を確認し、余裕を持って部屋を押さえましょう。

当日の準備

　アポイント時間が近づいたら、会場が空室になっているか、原状復帰が完了しているかを確認し、お迎えする準備をしてください。

＜準備の確認ポイント＞
□　会場の換気、清掃
□　会場レイアウト（変更する場合は変更しておく）
□　室温の調整

　商談中に必要な資料などは、ご到着後すぐに準備し、速やかに商談に入れるようにしておきます。

感染症流行期には？

　感染症流行期には、会場は通常定員の倍以上の広さを確保します。換気が不十分な会場は避け、やむを得ない場合は、扉を開けるなどの対応をします。このような場合、機密性の高い内容の会話は控えましょう。

　会場環境を整えるためには、次のような点に注意しましょう。

☐ 商談ごとに換気、消毒、室温調整時間を
　確保
☐ 対面席には、アクリル板を設置
☐ 案内時は、間隔を空けて着席いただける
　よう配慮してご案内

　部屋にも第一印象はあります。

　お客様が安心できる環境、会社に信頼感を感じていただける環境を、常に整えましょう。

Column	前の商談が終わっていない

　余裕を持って予約したつもりでも、他の商談が長引いて、当日会場が空いていないという経験をお持ちの方もいるでしょう。前のお客様を追い出すわけにもいかず、戸惑うケースもありますね。

　商談前の時間に事前確認をしておくことで、代替策を考えることができます。お客様には理由を告げて、別の対応に切り替えてもスムーズな対応ができれば失礼には当たりません。

53　お客様のご案内・誘導の仕方は？

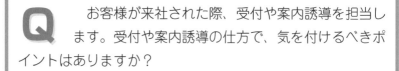

お客様が来社された際、受付や案内誘導を担当します。受付や案内誘導の仕方で、気を付けるべきポイントはありますか？

　受付は会社の第一印象

最初に対応する受付は、会社の第一印象です。お客様優先で速やかに応対することが大切です。

目に入った（耳に入った）瞬間からジャッジがスタート

対面であれば、お客様に気付いて立ち上がるスピードや様子、内線電話であれば、取るスピードや第一声など、全てからお客様はジャッジしています。常に、「相手（お客様）目線」を心掛けて対応する意識が、最も大切です。

受付での確認事項

歓迎のご挨拶をして、お名前、用件を伺い、復唱確認をしましょう。

○○様でいらっしゃいますね。○時に○○とお約束ですね。確認いたします。少々お待ちいただけますか？

ご案内は行先や到着などを具体的に案内する

ご案内は具体的で安心感のある応対が大切です。行先や到着案内なども忘れずに行いましょう。

> お待たせいたしました。○○（場所）にご案内いたします。
> こちらへどうぞ。

お客様のペースに合わせ、2～3歩前方を歩いて誘導しましょう。言葉と所作でしっかり示しながら、スムーズかつ安全に誘導します。

到着案内をする

商談会場に到着したら、
「こちらでございます」と、到着したことを伝えます。

ビジネスノックは3回

ビジネスノックは3回です。適度なリズムと強さを意識しましょう。

入室したら上座にご案内して、着席を確認したら、担当をお待ちいただくよう伝えて退出します。

> こちらでございます。（扉が閉まっていればノック）
> どうぞ、奥の席にご着席ください。
> 担当者は間もなく参ります。少々お待ちいただけますか。
> 失礼いたします。

54　消毒や検温のお願いをする際には？

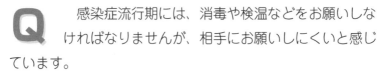

感染症流行期には、消毒や検温などをお願いしなければなりませんが、相手にお願いしにくいと感じています。

どのように伝えれば失礼に当たらないのでしょうか？

 感染対策も信頼される要素

コロナ禍初期は、消毒や検温をお客様にお願いすることに、戸惑う方もいらっしゃいました。中には、「お客様を疑っているようだ」「応対側から言うのは失礼に当たらないか」などの意見もありました。しかし、このような感染対策も、お客様に信頼される要素です。

会社として対策や依頼事項を表示する

コロナ禍に限らず、何らかの感染症が流行することはあります。会社として統一意識をもって対応することが大切です。

□ お客様に依頼する事項を明確化する
□ 受付などに表示する

表示することで、応対者がお客様に伝えやすい環境ができるとともに、会社としての社会への協力姿勢を示すこともできます。

お客様も、訪問先がしっかり取組みをしていることで安心してお過ごしいただけます。

分かりやすく依頼する

表示するだけで、お客様任せにせず、丁寧な依頼が大切です。

＜アルコール消毒と検温の依頼例＞

> 恐れ入りますが、ご来社の皆様全員にアルコール消毒を
> お願いしております。まずはアルコール消毒をお願いい
> たします。
> 次に○○（検温部位）で検温させていただいてもよろし
> いでしょうか？

ご協力いただいたらお礼を述べる

ご協力いただいたら、「ご協力ありがとうございます」とお礼を伝え
ましょう。

その他、フェイスシールドをお渡しし、着用依頼をするなど、追加
の依頼が発生する場合は、

☐　事前のアポイント時にお伝えしておく

☐　依頼が難しい場合には、別の応対手段に変える

など、臨機応変な対応が必要です。

訪問者は、訪問先の指示に従うのもマナーですので、具体的かつ丁
寧にご案内すれば、失礼には当たりません。

55　マスク着用で商談を行う際は？

　　　マスクを着用したまま商談を行う際などに、気を付けることはありますか？
　感染症流行期とそうでない場合で、マスク着用での商談で対応が異なることはありますか？

 マスクで隠れる分、他の情報で伝える

　コロナ禍以前は、マスクは体調不良時や医療など着用が必要な職種のみでしたが、コロナ禍で大きく変わりました。

　感染症流行期はマスクを着用し、感染拡大予防に努めることが新しい生活様式でのマナーです。

　しかし、マスク着用では、声が聞こえにくい、相手の感情が読み取りにくいと感じる方も多いでしょう。

不足する情報を補完するために

　マスクで口元が隠れると、口元の意識が薄れる方が多いですね。

　口角が下がると声のトーンも低くなり、声量も落ちて聞こえにくく、不愛想に感じやすくなるのです。マスク着用時も、口角を上げて笑顔で話すようにしましょう。

　視覚情報では、マスクから出ている目元が大切です。目元の表情をしっかり意識して話すと、相手は親しみやすいと感じます。

聴覚表現に注意する

　マスクを通すと当然声はこもりがちです。いつもよりしっかり発声

するよう心掛けてください。活舌も悪く感じやすいので、口を縦横しっかり動かして話すと、言葉もはっきり聞こえます。

聞こえていないときに聞き返すのは？

聞き取りにくいときに、そのままスルーするようになったという方もいらっしゃいます。このような対応は、理解不足と判断されたり、的確な対応ができず、ミスやロス、クレームなどにつながるケースもあります。そのままにせず、必ず正しく伺うようにしましょう。

感染症流行期以外にマスクを着用する場合

感染症流行期以外はマスクを外し、顔がしっかり見える状態で応対することが基本です。

しかし、風邪やアレルギーなどでマスクを着用し応対する場合もあるでしょう。

その際は、理由を告げて相手に断りの一言を伝えます。

○○のため、本日はマスク着用のまま失礼いたします。

また、会社としてもマスク着用者が多くなる時期は、受付などにその旨を表示しておくとお客様の理解も得やすいでしょう。

56　名刺交換を行う際の基本マナーは？

　　　　名刺交換に自信がありません。スムーズに名刺交換をするにはどのようにすればよいでしょうか？

　また、名刺をお渡しするタイミングを逃してしまうことがあります。正しいタイミングはありますか？

 ## 名刺交換のタイミング

　名刺交換は、最初にご挨拶として行うものです。お渡しするときは、物の受渡しと同様に、両手で扱うのが基本です。

＜名刺のお渡し＞

① 名刺入れから名刺を出し、相手側に向ける

② 胸の高さに構え、15度程度、会釈の姿勢を取る

③ アイコンタクトを取り、名乗る

> ○○の○○と申します。よろしくお願いいたします。

④ 名乗ったら、相手の胸元へ差し出す

＜名刺の受取り＞

　受け取る際も、基本は両手です。

　受取りの言葉と共にお名前を復唱してご挨拶しましょう。名前は唯一その方を表す言葉です。アイコンタクトを取って復唱確認することで、相手の承認欲求も満たすことができるのです。

頂戴いたします。○○様でいらっしゃいますね。
よろしくお願いいたします。

名刺交換の順番は？

名刺交換は、目下、または訪問者から差し出すのが基本です。自分が目下、または訪問者の際には、自ら名刺を差し出しましょう。

名刺交換は隔てる物がない場所で

名刺交換は、隔てる物がない場所で行うのが基本です。

担当者が入室したら一旦立ち上がり、隔てる物がない場所へ移動して行います。

やむを得ずテーブル越しで行う場合は、「テーブル越しに失礼いたします」などとお伝えいただくと配慮が伝わります。

商談中はテーブル上に並べておく

いただいた名刺は、商談中はテーブル上に並べておきます。複数名いらっしゃる際は、着席順に並べておくとよいでしょう。

テーブルに資料を広げる際などに、先に名刺をしまいたい場合には、目上の方が「お名刺お先に失礼いたします」などと声を掛け、皆様で同時に名刺入れに入れましょう。

57　名刺の同時交換や複数名との交換をする場合は？

 　　　互いに名刺を持っていることが多いので、同時に
名刺交換を行うポイントが知りたいです。
　また複数名の方と名刺を交換する場合にも、どのような順
番で名刺交換をすべきか戸惑います。

 双方が名刺を持っている場合は同時交換

　Q56で名刺交換の基本は、両手で行うとお伝えしましたが、双方が
名刺を持っている場合には、同時交換がスマートです。

同時交換は、左手に名刺入れ　右手に名刺を持ち一方通行

　同時交換では、自分の名前を名乗りながら相手の名刺入れの上に名
刺を差し出します。

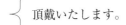
　　○○と申します。よろしくお願いいたします。

と挨拶をしながら、相手の名刺入れ上に「左
手に名刺入れ」「右手に名刺」を持って差し出
しましょう。
　相手の名刺を受け取ったら、

　　頂戴いたします。

と、空いた右手もいただいた名刺に添えて両
手で持ちましょう。
　相手の名刺を確認して

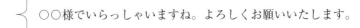
　　○○様でいらっしゃいますね。よろしくお願いいたします。

と挨拶します。

複数名での名刺交換

　片方、または双方が複数名いる場合には、順番にも注意が必要です。名刺交換は、役職が上の方から行うのが基本です。

　複数名の場合には、部下は控えて待ち、役職が上の方が終わってから続いて名刺交換をしましょう。

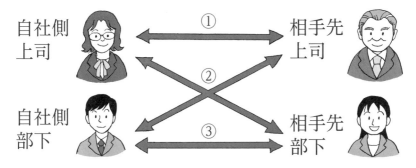

名刺は人数分を名刺入れの蓋の下に用意しておくとスムーズ

　複数名と次々交換する際には、人数分の名刺を蓋の下に控えて持っておくとよいでしょう。

　いただいた名刺は、一旦であれば、名刺入れの下に控えて持っても失礼には当たりません。なお、全員の名刺交換が終わったら、必ず名刺入れの上に乗せましょう。

名刺交換のポイントを動画でご確認いただけます。
NPO法人日本サービスマナー協会
動画「名刺交換マナー」

58　お茶出しの基本マナーは？

会社でお茶出しをすることがあります。お茶出し
に正しいマナーはあるのでしょうか？
また、感染症流行期に気を付けることはありますか？

 お茶出しを見れば会社のマナーレベルが分かる

お茶出しは商談促進のためのサポート的な役割ですが、教育が行き届いていないと正しい応対ができない方が多いので、会社の教育レベルが判断できるシーンでもあります。

食器やお出しする物の選び方は？

日本茶、コーヒーなど、お出しする物は、会社で決めていただければ結構です。

使用する食器は、扱う商品や対象となる顧客に合わせて決めるとよいでしょう。

お勧めするのは、高額商品のBtoCの場合や、BtoBでも、商談に管理職などが多い場合は、正式なカップ＆ソーサーの方が、おもてなしを感じていただけます。

簡易的な出し方をする場合にも、基本を知った上で対応方法を決めることが大切です。

お茶出しの基本

ここからは基本的なお茶出しの仕方をご紹介します。

＜用意するもの＞

　お盆、きれいな布巾、茶碗と茶托（カップとソーサー）
　コーヒーなどの場合は、スプーン、ミルク、シュガー

＜お茶の出し方＞

① 　お盆に茶碗と茶托を別にセットします。
　　お茶出しの動きを考えると、茶托を右側
　にセットしておくとよいでしょう。

② 　お盆は両手で持ち、清潔な布巾を右手で
　お盆の下に控えて持ちましょう。

③ 　運ぶ際は両手で持って運びます。
　　お客様の前でご挨拶する際は、お盆を正
　面からずらして挨拶します。

④ 　布巾をお盆の上に置き、茶碗の底（糸尻）
　を拭いてから茶托にセットして出します。

⑤ 　出し終わったら、布巾をお盆の裏側に控
　え、お盆の表を外側にして脇に抱えて持ち、
　ご挨拶して退席します。

カップの向き

　コーヒー、紅茶などのカップの持ち手は、右向きをアメリカンスタ
イル、左向きをヨーロピアンスタイルといいます。

コーヒー	アメリカンスタイル、ヨーロピアンスタイル
紅茶	基本はヨーロピアンスタイル

　これを参考に、会社でどちらかに統一するとよいでしょう。

日本茶で注意すること

　茶托やお盆に木目がある場合は、運ぶ際も、お出しする際も木目が人と平行になるようにします。

　カップや茶碗には図柄があるものもあります。柄の向きにも配慮して出しましょう。

　お茶はお客様の手元に来るものです。細部まで気を配ることで、応対や商品も配慮や信頼が持てるものという印象につながります。

お茶の入れ方の注意点

　コーヒーや紅茶は、沸騰したお湯で入れますが、日本茶は茶葉によって使用するお湯の温度が異なります。

　ビジネスシーンでは緑茶（煎茶）を使うことが多いでしょう。

　緑茶の場合は、80度程度のお湯で入れます。

＜日本茶の入れ方＞

① 　人数分の茶碗、茶托を準備します。

② 　お湯を茶碗、急須に入れて温めます。

③ 　急須を温めたお湯は捨てて、人数分の茶
葉を入れ、茶碗のお湯を入れます。

④ 　30秒程度おいてから、濃さが均等になる
ように少しずつ順番に茶碗に注いでいきま
す。

⑤ 　注ぐ量は、7分目程度にしましょう。

感染症流行期には？

　感染症流行期には、お出しする内容の変更を検討する場合もあります。応対者によって対応に差があると、お客様がご不快に感じるおそれもありますので、会社として対応の仕方やご案内方法を決めておくようにしましょう。

お茶出しのポイントを動画でご確認いただけます。
NPO法人日本サービスマナー協会
動画「お茶出しのマナー」

59　お見送りと応対後のマナーは？

 お客様がお帰りになる際、お見送りはどこまですべきなのでしょうか？気を付ける点はありますか？また、応対が終わった後にすべきことはありますか？

 基本は、見えなくなるまでお見送り

お見送りは、印象を左右する重要な場面です。

終末効果といい、最後の印象が良いと応対を良いと感じるのです。「終わり良ければすべて良し」ということわざにも表れていますね。お越しいただいたことへの感謝の気持ちを表現するためには、相手が見えなくなるまで丁重にお見送りするのが基本です。

お見送りの場所は？

企業やお客様との関係性などによっても様々です。

＜特に丁重なお見送りをする場合＞

玄関外、店舗外、ビルの外、駐車場出入口など

＜途中までのお見送りの場合＞

エレベーターに乗って扉が閉まるまで、部屋の外まで、など

なお、途中までのお見送りで失礼する場合には、

「こちらで失礼いたします」

と告げて丁寧にご挨拶しましょう。

応対後にすべきことは？

Q9でもお伝えしているとおり、使用した部屋は、後に使用する方のことも考えて原状復帰をしましょう。感染症流行期には特に、消毒や換気などもしっかり行ってください。

商談相手には？

商談後には、足をお運びいただいたお礼と、商談内容確認や今後について、早めに事後のご連絡をしておきたいですね。

連絡方法は、丁重にしたい場合には「手紙」、スピード感やビジネスでのやり取り重視であれば「メール」を使うとよいでしょう。

この一つの配慮を行うだけで、印象は更にアップします。

| Column | 応対で勝ち取った連係プレー |

営業を勝ち取るのは、営業担当者だけではありません。

ある商談で、どう考えてもまだ決まるはずがない段階で、お客様から「今回の仕事は御社に決めました」と連絡が入ったそうです。営業担当者が「なぜ私どもにお決めいただいたのですか？」と伺うと、「御社は応対される方全員が素晴らしい応対でした。このような会社なら信頼できると感じました」とおっしゃいました。

このように応対品質は、仕事の品質として常に評価されているのです。

◇相手先を訪問する際のマナー

60　相手先を訪問することになったら？

 お客様先に訪問することになりました。訪問前に準備しておくべきことはありますか？
また、当日の訪問の際に注意すべきことはありますか？

 訪問前の準備

相手先への訪問が決まったら、相手先について調べ、商談に必要な資料などを怠りなく準備しましょう。

＜主な準備項目＞

□　相手先の企業情報、経営理念、事業内容など

□　担当者の部署名、肩書、お名前

□　相手先の場所、行くまでの交通手段や所要時間

□　商談に必要な資料や、用件、確認事項など

□　当日の身だしなみと名刺

　身だしなみは、相手先に失礼のないように整えることが大切です。

　加えて、感染症流行期には、体調確認も行いましょう。体調が悪い場合や、濃厚接触者になった場合は、相手先に速やかに連絡しキャンセルや延期をします。

　相手先付近には、遅くても10分前には到着するように出向きましょう。お勧めは、最寄り駅付近に到着し、場所を確認した後、お手洗いなどを済ませ、身だしなみの最終確認ができる程度の時間です。

　コートを着用する季節は、扱いに注意が必要です。コートには「防

寒」と「汚れよけ」の意味があります。

　訪問先に入る前にコートを脱ぎ、中表にして持ちましょう。裏地が外側にきますので、派手な裏地などのビジネスにふさわしくないコートは避けてください。

＜コートを脱ぐタイミング＞

☐　企業訪問の場合：建物に入る前

☐　一般のご家庭の場合：門の前

受付の仕方

　受付では、会社名、名前、名指し人、アポイント時間を伝えて取次ぎを依頼しましょう。このシーンが相手先にとって、訪問者の第一印象です。

○○会社の○○と申します。

○○部○○様と、○時にお約束がございます。

○○様はいらっしゃいますか？

Column	到着が早すぎるのもご迷惑

　余裕を持った行動は大切ですが、早く到着したからといって、早めに訪問するのはマナー違反です。相手は他の業務も行っています。相手の時間に配慮して到着時間を調整できるとよいですね。

　また、到着時間調整で待機する場合には、周辺地域にご迷惑にならない待ち方を心掛けることも大切です。

61　相手先での振る舞い方と手土産のマナーは？

　　訪問先での振る舞い方で注意するポイントはありますか？

　また、訪問先に手土産を持参するのですが、どのようなものを選べばよいでしょうか？

　訪問先では相手の指示に従うのがマナー

　訪問する側の場合には、相手先が企業でも個人宅でも、相手先の指示に従って行動しましょう。例えば、部屋への入室や、着席時などには、相手に「どうぞ」と言われてから行動するのが基本です。

　席は、上座を勧められたら上座に着席し、勧められなければ下座に進みます。

荷物は椅子に置かない

　荷物は空いている席には置かず、足元に置きましょう。

　椅子も相手の大切な持ち物です。椅子の上に置くと、相手先の大切なものを汚してしまうおそれがあるからです。相手が「こちらを荷物置きにお使いください」と言うまでは、椅子に置いてはいけません。

　なお、脱いだコートは、荷物の上か、自分が着席する椅子の脇に小さく畳んで置くとよいでしょう。

相手に合わせて手土産を選ぶ

　手土産は、自社近くで購入して持参しましょう。相手先近くで購入すると、間に合わせで購入したという印象を与えます。

　企業では手土産で持参いただいたものは休憩時などに配り、皆様で召し上がることも多いですね。相手先の人数にも配慮し、手間の掛からない個別包装の品物を選ぶとよいでしょう。

　個人宅には、相手のお好きなものや、お勧めのお品、名物などがよいでしょう。相手先の家族構成なども考えて選ぶとよいですね。

感染症流行期には相手先の出勤状況も考える

　感染症流行期には、リモートワークなどで出勤が限られていることも多いものです。賞味期限が短いものなどは、相手のご迷惑になることもありますので注意しましょう。

お渡しするタイミング

　手土産のお渡しは、担当者とのご挨拶が終わり、商談に入る前にお渡しします。紙袋や風呂敷などから出してお渡しするのが基本です。

Column　　手土産も相手目線で選ぶ

　とある訪問者が選んだのはアイスクリームの詰め合わせでした。夏の暑い日だったからです。しかし、相手先は常にエアコンが効いた社内。夏でもホットドリンクを召し上がる女性ばかり。しかも、給湯室に冷凍庫がありません。結局そのアイスクリームは、シンクで溶けてなくなったそうです。

　手土産も、相手の立場や環境を想像して選ぶとよいですね。

62　クレーム対応での訪問マナーは？

　　私は、クレーム対応で相手先に出向くことが多い
のですが、クレーム対応の訪問で気を付けるべきポ
イントはありますか？

クレーム対応はスピードが大切

　クレームは、スピーディな対応が大切です。お客様のご要望を伺い、
速やかにアポイントを取りましょう。謝罪はこちらから出向くのが基
本ですが、感染症流行期には、どのような方法をとるべきか、ご要望
も伺いながら決めましょう。

クレームのメカニズムと対応方法を理解する

　クレームには「心理的クレーム」と「物理的クレーム」があります。
　心理的クレームとは、「ご不快に感じた」などのお客様の感情です。
物理的クレームは、「商品が破損していた」などの内容です。いずれか、
または両方の要因により、クレームは発生します。

＜お客様が望むこと＞
□　謝罪してほしい
□　話を聴いてほしい
□　改善してほしい

　お客様の気持ちに寄り添い、クレーム対応
のステップにのっとった対応を心掛けること
が大切です。

① 傾聴	② 質問	③ 提案	④ 感謝
残らず聴く	事実と感情を把握	解決策を提案	お詫びと感謝で締めくくる

訪問時の注意点

訪問時は、身だしなみを整え、手土産を持参して伺いましょう。

基本は、スーツです。ネクタイは派手な色を避け、青や紺色などの誠実な印象を与えるカラーを選ぶとよいでしょう。

お会いしたら、まずは謝罪と時間をとっていただいたことへのお礼を伝え、その上で相手のお話を残らず聴いてください。

手土産をお渡しするタイミング

対応状況によりますが、お客様がお怒りの場合は、先にお渡しすると「お茶を濁しているのか？」と不快感をお持ちになるケースもあります。

ご納得いただいたタイミングでお渡しするとよいでしょう。

Column　　クレームは最大のチャンス

誠意を持った対応は、お客様に必ず通じるものです。

お客様目線に立って、今自分に何ができるのかを考え、想像して対応しましょう。精一杯対応すれば、さらなる信頼関係を構築することもできます。

＜ワンポイント知識＞

クレーム対応10のNG

　なぜかクレーム対応が上手くいかないという方が失敗してしまうのは、次のようなNGに当てはまっていることが多いでしょう。

① 話を最後まで聞かない、生返事する「傾聴NG」

② 謝罪をしない「謝罪NG」

③ 決めつけてかかる「決めつけ・思い込みNG」

④ 規則で押し通す「ルール振りかざしNG」

⑤ できません！などの言い方に課題のある「表現NG」

⑥ 担当ではないと逃げる「責任逃れNG」

⑦ 曖昧表現で誤解を招く「曖昧NG」

⑧ お待たせ時間やたらい回しの「もたもたNG」

⑨ オドオドしたり、怒りに怒りで返す「感情NG」

⑩ 形式的な対応だと伝わる「マニュアル対応NG」

　どの部分が課題だったのかを明確にして改善するとよいでしょう。

2. オンライン商談時のマナー

コロナ禍のリモートワーク推進で、社内会議にとどまらず、
多くの企業が商談のオンライン化を進めてきました。
特に感染症流行期には、来客・訪問を制限し、
オンライン商談をメインに実施した企業も多かったのでは
ないでしょうか？

このようなオンライン商談には、
・移動コストや時間コストの低減
・遠隔地との商談が容易に行える
・資料の共有などが容易で、利便性に長けている
など、様々なメリットもあり、アフターコロナの社会でも
お客様応対のもう一つの柱として定着化していくものです。

ここでは、オンライン商談を行う際の進め方や
商談で重要となる印象向上のポイントをお伝えしていきます。
第1章3.◇社内でのオンライン会議の内容と合わせて
参考にしていただければと存じます。

◇お客様とのオンライン商談の進め方

63　オンライン商談を依頼するには？

> **Q** 相手との商談をオンライン商談で行いたいと思っています。どのように依頼すればよいでしょうか？アポイントが取れた後のやり取りの手順についても教えてください。

 相手の要望を伺いながら決める

コロナ禍で進んだオンライン化。オンライン商談も、身近なものになりました。しかし、相手の環境によってはオンライン商談が難しい場合もあります。また、オンライン会議ツールも様々なツールがあるので、企業や個人によって使えるものが異なります。ご要望を伺いながら決定しましょう。

☐ オンライン商談の可否
☐ オンライン会議ツールの選択
☐ 開始時間、所要時間

アポイントが取れたら？

商談が決まったら、まずはオンライン会議ツールで商談用のミーティングを作成します。基本はアポイントを依頼した側が作成します。なお、ご希望ツールに合わせるため、相手にミーティングを作成いただかなければならない場合は、その旨を依頼します。

商談名は失礼がなく、分かりやすく設定します。日程などに間違いがあると、当日入室できないなどのトラブルが発生するので間違いが

ないように設定してください。

　ミーティングに「待機室」を設定すると、自社側の準備が整ってからお客様の入室許可を出すことができます。社内ミーティング後、お客様にご入室いただきたい場合などに、入室タイミングを調整できますので、商談時には設定しておくとよいですね。

オンライン商談ミーティングの共有

　オンライン会議ツールでミーティングを設定したら、相手にアポイントのお礼と共に、オンライン商談ミーティングのURLをメールで送付します。

オンライン商談にはリマインドメールが必須

　Q24でも記載しましたが、商談まで期間がある場合は、必ず数日前〜前日頃にリマインドメールを送ります。

　リマインドメールは、確認の意味もありますが、一番は、ミーティングURLを相手が探しやすくするためです。メール送信した

URLは、多くのメールに埋もれてしまい、相手が探しにくくなります。直前にリマインドメールを送ることで、相手はそのメールを開けば、商談ミーティングに入室できます。

64　オンライン商談で準備することは？

 オンライン商談を行う際には、どのような準備が
必要でしょうか？
　また、初めてお会いするお客様や、初めての参加者がいる
際、気を付けるポイントはありますか？

 商談の事前準備

　通常の商談と同様に、相手先についてしっかり調べて準備をしてお
きましょう。商談メンバーが複数名いる場合には、メンバーや肩書な
どもしっかり把握しておきます。

自社側から複数名参加する場合には？

　自社側から複数人数が参加する場合は、相手先に、
□　人数
□　参加者の肩書や名前
を共有しておきます。
　オンラインが初対面となるメンバーがいる場合には、事前に名刺デー
タをメールで送っておくと、相手は正式な肩書などが分かり、商談
しやすいと感じます。
　より丁寧に対応する場合には、オンライン商談後にお礼と共に名刺
原本を郵送するとよいでしょう。

資料は画面共有できる状態で準備する

　対面商談では、手元でお見せする資料も、オンラインでは画面共有

でご覧いただくので、共有できるよう用意し
ておくことが大切です。

　また、パソコンだけでなくタブレットやス
マートフォンなどの様々な端末から入室でき
ますので、相手がどのような環境か分かりま
せん。端末によっては、共有画面が見づらい
こともあるので、資料は見やすく作成しまし
ょう。

商談のリハーサル

　オンライン商談前は、流れや、タイムスケジュールなどを確認し、
リハーサルを行っておきましょう。

　ファシリテーションをお願いする項目がある場合は、事前に内容と
時間をお伝えしましょう。

　社外から接続する場合は、接続環境も確認しておく必要があります。

☐　回線速度
☐　当日のカメラ位置での画面映り
☐　周辺の音の環境

　この準備やリハーサルで、オンライン商談が成功するかどうかの
9割は決まります。

　その他、ホスト役のマナーについては、**Q24**もご参照ください。

65　オンライン商談で好印象を与えるためには？

> オンラインでの映り方に自信がありません。
> オンライン商談で良い印象を与えるためには、ど
> のような点に気を付ければよいのでしょうか？

オンラインでは通常の1.5倍表現する

映っている部分だけの印象で判断されるオンライン商談は、「カメラに映っている＝見られている意識」を持つことが大切です。また、対面と異なり、二次元で見えていますので、対面よりも表現が伝わりにくい傾向にあります。特徴を理解した上で、良い印象を与えるよう自身がコントロールすることが大切です。

表情は、普段のままでは素の表情に映り、話しかけにくい、怖い、モチベーションが低いなどのマイナス印象を与えやすいでしょう。手元の資料を見たり、メモを取る際には、口角が下がって見えやすい傾向もあります。

それを防ぐためには、いつもの1.5倍の笑顔を意識しましょう。

姿勢は足元から正す

オンラインで姿勢や態度が悪く映る方は、着席姿勢が悪い方です。姿勢を正しやすい椅子を選び、両足裏が地面に着いた状態で、背筋を伸ばして着席しましょう。

首あてが付いた大きな椅子は、画面では偉そうな印象を与えやすいので、商談向きではありません。

腕は下にまっすぐ下ろすよりも、脇を軽く開き、台形シルエットを意識すると映りが良いでしょう。イメージはニュースキャスターがテレビにワンショットで映った姿勢です。

カメラ位置も調整する

カメラには、正対して向かいます。身体が斜めになっていると、商談に対する前向きな姿勢が伝わりません。

カメラ位置は目線の高さに設定すると、映りが良くなるとともに、姿勢も崩れにくくなります。パソコンスタンドを使用するか、パソコンの下に厚めの本や箱などを置いて調整するとよいでしょう。

身だしなみは来客・訪問応対と同じ

自宅からのオンライン商談で、ついつい怠りがちなのが身だしなみです。基本は、来客・訪問応対と同様に整えましょう。「見えていないところは何でもよいですか？」とよく質問されますが、万が一に備え、映っても差し支えないようには整えておきましょう。

話し方や傾聴の仕方はQ21・Q22も参考にしてください。

66　オンライン商談の背景で気を付けることは？

 　　　オンライン商談の背景は、リアルな背景がよいの
でしょうか？バーチャル背景の場合はどのような背
景を使えばよいのでしょうか？
　適切な画角なども教えてください。

 ## オンライン商談に適した背景

　環境が許すのであれば、リアル背景（バーチャル背景使用なし）が、
画面に違和感なく、適切な環境を用意して商談を行っている印象です。
しかし、リモートワークでプライベート空間から接続することもある
でしょう。バーチャル背景を使用する場合は、

①　会社指定の背景

②　ぼかし

③　シンプルな背景

の順で検討しましょう。

　遊び感ある背景はビジネスには適しません。

会社で統一した背景を用意する

　会社指定の背景とは、会社のロゴなどが入
った背景です。個々に選んだバーチャル背景
や各自が作った背景を使用していると、何名
か同商談に入った際に統一感がありません。

　例えば、いただく名刺が皆様バラバラのデ
ザインだったら、会社としての姿勢に疑問を
持つのではないでしょうか。

バーチャル背景でも同じようなことがいえます。

会社全体で難しいのであれば、部署として統一してもよいでしょう。

リアルな背景にする場合のポイント

リアルな背景にする場合には、画面に映る場所にも注意しましょう。
ポイントは以下のとおりです。

☐ シンプルな場所

☐ 余計なもの、人が映り込まない

☐ 窓が背景の場合は、遮光カーテンをする

画角はバストアップ

カメラの画角によりますが、理想はバストアップです。少なくとも顔がしっかり映るようカメラ位置を調整しましょう。

カメラから顔が外れたり、頭の上だけ広く映るなどのバランスの悪い映り方をしないように、商談中は姿勢を保ってください。

Column　映り込んだ背景で場所が特定されたケース

窓の外の景色の映り込みにも注意が必要です。

例えば、個人宅での商談で、景色で自宅の場所が特定されたケースや、企業との商談で、窓の外に商談相手のライバル企業の看板が映っていて、失礼だと思われたケースなどもあります。

カメラに映る背景もしっかりチェックしておきましょう。

67　オンライン商談に上座・下座や順番は？

Q オンライン商談の際にも、対面商談と同じような席次はあるのでしょうか？

　また、自己紹介などの順番はどのようにすればよいのでしょうか？

　席次はないが、商談のしやすさはある

　オンライン会議ツールにピン固定機能が出てきたとき、話題になったのがオンラインの席次です。

　オンライン会議ツールは基本的に、参加者ごとにレイアウトが異なります。ツールによっては、ホストが順番を決め、全員に反映する機能もありますが、相手画面はこちらで見ることはできませんので、この機能は基本的には「利便性重視」で使います。

　例えば、人数の多い会議では、中心となる人物を上部に配置できたら分かりやすいでしょう。このような場合は、各自でレイアウト順を変えるか、ホスト側で設定した順番を反映させると、参加者が商談に参加しやすくなるでしょう。たまたま、その順番が、社長、部長…などと並べた方が分かりやすいこともあるでしょう。

　あくまで分かりやすさ、商談のしやすさが基準です。

自己紹介はどのような順番でするのか？

　アポイントを取った担当者がホストになることが多いでしょう。まずは担当者がご挨拶し、目上の方から順番に紹介します。通常の紹介

マナーと同様の順番で紹介し、名刺交換の代わりに自己紹介をすると思っていただければ間違いはありません。

＜複数名の自己紹介例＞

○○様、本日はお時間をいただきありがとうございます。
○○の○○と申します。よろしくお願いいたします。
今回私どもから、部長の○○と、課長の○○が参加いたしますので、自己紹介させていただきます。
○○部長お願いします。

なお、オンライン商談は限られた時間ですので、自己紹介は簡単で構いません。共有しておくと商談がしやすくなるような内容は、事前にメールなどで共有しておくとよいでしょう。

Column　　そもそも入室にも順番があるの？

自己紹介に順番があるなら、オンライン商談ツールに入室する際にも順番はあるのか？という質問もよく承ります。

オンライン商談の多くは待機室が設けられており、ホストが入室許可をコントロールします。全員に同時に入室許可を出しても、接続環境などにより入室タイミングは若干ずれることもあります。時間を守って入室できていれば、入室順は気にする必要はありません。

68　オンライン商談中の休憩の仕方は？

 　先日、途中でメンバーを入れ替えてのオンライン商談があり、途中休憩を取ることがありました。このように途中休憩を取ったり、席を外す場合に気を付けることはありますか？

カメラのOFFとマイクOFFを忘れず行う

オンライン商談や参加型セミナーなどで、長時間にわたる場合は、途中休憩を入れることもあるでしょう。このような際に気を付けたいのは、カメラやマイクの操作です。

休憩に入る際には、必ずカメラとマイクをOFFにしてください。

やってはいけない操作と行動

カメラやマイクをONのまま離席すると、映らない方がよいシーンが映ることがあります。

また、カメラをOFFにせず、画面を閉じる操作をする方がいらっしゃいますが、画面を完全に閉じる前に、手元や周囲が映る時間が

できてしまいます。例えば手元資料などが映り込んでしまい、情報漏洩につながることもあるのです。

中には、自分が映らなければよいと思っていたと、半閉じ状態でずっと手元資料が映っていたケースもあります。絶対にやめましょう。

マイクをOFFにしていても、会話には注意する

マイクをOFFにしたつもりでも確認が不十分で、聞かれてはいけない内部会話が聞こえていたという事例を多く伺います。

オンライン商談中はマイクをOFFにしていても、オフィシャル以外の会話は慎むべきです。

大きな会議やセミナーなどを実施中、ホストやファシリテーター間で共有連絡を取りたい場合には、個別チャットを利用するか、別の連絡手段を設けておくとよいでしょう。

カメラをONにしたら、常に姿勢や表情もON

休憩に入る際には会釈をするなどして、カメラをOFFにし、休憩から戻る際には、ONにする前に姿勢も表情もONにしてください。なお、商談時の休憩明けは、ホストからお声掛けしたらONにしていただくようお伝えしておくと、参加者が気を遣う時間が少なくて済むでしょう。

| Column | オンライン商談で気を付けたいしぐさ |

私どもがオンライン研修でよく注意するしぐさのベスト3は①「顔や髪を触る」、②「頬杖」、③「ペン回し」です。

このような動作は、オンライン商談では、「集中していない」「モチベーションが低い」などの印象を与えやすい行動です。普段もそうですが、画面印象が重要なオンライン商談では特に注意しましょう。

69　オンラインの終了と商談後にすべきことは？

　オンライン商談の際、終了や退出の仕方で注意することはありますか？

　また、オンライン商談終了後、何かすべきことはありますか？

 オンライン商談の終了の仕方

　オンライン商談が終わったら、互いに挨拶して退出します。退出順やタイミングに迷う方もいらっしゃるようですが、ご挨拶したら退出いただいて構いません。

　自身がホストの際には、ミーティング終了のご案内をしたら速やかに会議全体を終了すると、皆様が退出に気を遣わず済むでしょう。

＜参加者から退出する場合＞

> ありがとうございました。それでは退出いたします。
> 失礼いたします。（速やかに退出する）

＜ホストとして終了する場合＞

> ありがとうございました。
> それではミーティングを終了いたします。（速やかに終了）

　なお、ご挨拶や退出・終了時は、にこやかに5度程度のお辞儀で退出・終了すると、最後の印象（終末効果）もよいですね。

オンライン商談後にすべきこと

オンラインでは、伝わっているつもりでも、情報が不足しがちになることもあります。お礼のご挨拶と共に、商談内容の確認をメールなどで送っておくとよいでしょう。

初対面の相手への事後挨拶

初対面の相手とのオンライン商談後、丁寧に対応するならば、お礼と共に名刺を郵送するとよいでしょう。

メールやオンライン商談など、デジタルツールのやり取りが多い中、手紙は暖かみや送り手の思いが伝わりやすいツールですので、差別化が図れます。なお、できれば一言でも手書きの部分を入れると、パラ言語（表現の仕方）の要素が増し、丁寧さや信頼感を感じていただけます。

Column	誰か分からなかったオンライン商談

互いに複数名参加のオンライン商談。遅れて1名参加なさいましたが、表示名は、社員番号と思われる番号のまま。相手先の方であることは分かるのですが、それ以上伺うことができなかったそうです。「一体どなただったのだろう？」これでは事後の挨拶もできません。

自己紹介がなかったことも課題ですが、それ以上に常に表示される表示名を変更しなかったことがマナー違反です。オンラインの表示名は読みやすく表示することも、欠かせないマナーです。

＜ワンポイント知識＞

リアルは情熱的、オンラインはデータ重視で

　リアル商談で結果が出ていた方が、オンライン商談でなかなか結果が出ないと悩むことがあります。これはメッセージの伝わり方に差があるからです。

　リアル商談では、熱意をしっかり伝えるほど商談が上手くいく傾向があります。もちろん数字なども大切ですが、情熱が伝わることで結果につながりやすいのです。

　これに対してオンライン商談では、数値や根拠などを冷静に伝えた方が記憶に残りやすく結果が出やすい傾向があります。

　これまで、リアル商談で情熱で結果を出していたという方も、オンライン商談時には、資料に工夫をしたり、データなどの情報をしっかり伝えることに注力するとよいでしょう。

第 4 章

会食・冠婚葬祭でのマナー

168

1．会食シーンでのビジネスコミュニケーション

ビジネスでは、会食やパーティなどを通して
コミュニケーションを取るシーンが少なからずあります。
感染症流行期などには控えるケースも多々ありますが、
社内外での会食コミュニケーションは、減少はしても
なくなりはしないでしょう。

このようなコミュニケーションシーンについては、
会社内の研修などでも取り上げられる機会が少なく、
一緒に行った先輩からの伝言ゲームのようなやり取りで
学んでいる方が多いのが現状です。
そのため、いつの間にか一般マナーからずれたことを
している方も少なくありません。
さらに、コロナ禍で会食の機会が少なくなったために、
終息とともに復活した際は、適切な振る舞い方が
分からない方も出てくるでしょう。

ここでは、会食シーンにおける正しいマナーと、
感染症流行期の対応の仕方をご紹介します。

◇会食でのコミュニケーション

70　会食のアポイントと身だしなみのマナーは？

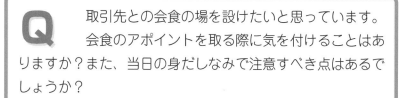

取引先との会食の場を設けたいと思っています。
会食のアポイントを取る際に気を付けることはあ
りますか？また、当日の身だしなみで注意すべき点はあるで
しょうか？

　会食の目的

食事を楽しむだけでなく、時間を共有し、相手との距離を縮めるの
が会食の目的です。食事を共にすることで、互いをよく知り、親睦を
深めたり、関係性を構築する場なのです。

会食のアポイントを取る際には？

より良い時間を共有するためには、アポイントを取る段階から相手
への気遣いが大切です。

アポイントを取る際には、

□　ご都合（日程、時間、場所など）

□　好みや苦手な食材やアレルギー

を伺いましょう。

苦手な食材やアレルギーは、相手からは言い出しにくいものです。
伺うことで、相手も「○○が苦手です」と言い出しやすくなります。
このような確認は、相手への配慮になるだけでなく、お店への配慮に
もつながります。予約の段階から分かっていれば、食材の変更が可能
な場合もありますし、フードロス削減にもつながるのです。

アポイントのお礼を伝える

アポイントが取れたら、相手先にお礼とともに当日の詳細をお伝えしましょう。フォーマルなパーティの場合には、招待状を送付しますが、商談会食などであれば、メールでのご連絡で構いません。時間や店名、住所、連絡先、詳しい地図などを送っておきます。

なお、会食まで日程がある場合には、近くなったら、リマインドメールを再度送りましょう。相手が地図や場所を過去のメールから探す手間が省けます。

当日の身だしなみ

会食では、相手先に失礼に当たらないと同時に、会の格式、お店の格式に合っているかどうかも身だしなみのポイントです。和室などに上がる場合には、女性は短すぎるスカートなどを避け、正座しやすい服装を心掛けるとよいでしょう。

感染症流行期に当たったら

当日までに感染症流行状況が変わったら、アポイントを取った側から相手にご連絡を取り、状況に合わせた対応をしましょう。

Column　　海外では身だしなみで案内される席が変わる

海外では、お客様と店側は50／50の関係。日本の訪問マナー同様に、相手先に敬意を示し指示に従うのがマナーです。

当然、服装も訪問先の店にも敬意を示す必要があります。また、店内では、他のお客様も視界に入るので、店側への配慮は、他のお客様への配慮でもあるのです。

71　会食での席次とホスト役の振る舞い方は？

Q 　会食の場で席をご案内する際に、どこにご案内するべきか、自分はどこに座るべきか迷います。特に自分がホスト役の場合、振る舞い方やオーダー時に何に気を付ければよいでしょうか？

 先に席を確認しておくとスムーズ

　基本的な席次の考え方は、ビジネスマナーと同じです。入り口から遠い席、景色の良い席が上座で、入り口に最も近い席が下座です。ホスト役でオーダーなどの気を配らなければならない方は、下座に着席すると、動きやすいでしょう。

　相手をご案内する際に、慌てずスマートに対応するには、少し前に会場に到着し、席を確認しておくとよいでしょう。レイアウトによって迷う場合には、お店の方に伺っておくとよいですね。

オーダーする際には？

　事前にお料理のオーダーをしていない場合には、席を確認した際に、お店のお勧め料理なども伺っておくと、オーダー時にスムーズに対応できます。

　また、乾杯の飲み物をシャンパンなど同じもので行うのか、個別にオーダーしたものにするかも決めておき、お店の方に伝えておくとよいですね。個別オーダーの際には、必ず上座の方から伺いましょう。

ホスト役の役割

ホスト役や目下の場合は、常に皆様への気配りが大切です。

例えば、お飲み物が減っていたら、次のオーダーを伺うか、ビールなどの注いでよいものは、相手に注ぎましょう。

お料理は、次のオーダーを伺ったり、取り分けする料理であれば積極的に取り分けるとよいですね。

なお、飲み物や料理によっては、自分で行わず、お店の方にお願いすべきものもあります。この後出てくる**Q76・Q79**も合わせてご確認ください。

注意したい会食での振る舞い方

仕事関係の会食であれば、その行動で会社も評価されます。相手、周囲、店側へのマナーある行動が求められます。場の空気を壊すような行動や、周囲のお客様にご迷惑となる行動などは慎むようにしてください。

Column　　フリードリンクは飲み放題ではない

「フリードリンク」と記載があると、「飲み放題だ！」とついつい飲みすぎてしまう方がいますね。これはマナー違反です。ビジネスや、お祝いの席などの社交の場では、「自由に飲み物が選択できる」という意味で、「どれだけ飲んでもOK」と受け取るべきではありません。

最も大切なのは、相手と楽しく時間を共有することです。相手にご迷惑をかけたり、ご不快な思いをさせるのは最もやってはいけないことだと心得ましょう。

72　乾杯やお酌をする際のマナーは？

　乾杯をする場合のマナーを教えてください。
　また、お酌をする場合、される場合、どのように
振る舞えばよいでしょうか？

　乾杯のマナー

　冒頭、皆様に飲み物が行き渡ったら、乾杯します。乾杯の発声は、最も立場が上の方にお願いするのがよいでしょう。

　パーティで、突然乾杯の指名をするのは、相手に負担をかけます。事前に伝えておきましょう。その際は、ご挨拶の所要時間を、伝えるか伺っておくと、乾杯の流れがスムーズです。

＜ご挨拶があり、起立して乾杯する＞

> 乾杯のご挨拶は○○様にお願いします。
> ○○様、まずはご挨拶いただけますか？（〜ご挨拶）
> では皆様、ご起立の上、グラスをお持ちください。（〜乾杯）
> ○○様、ありがとうございます。皆様、ご着席ください。

＜着席したまま、簡単に乾杯のみする＞

> 乾杯のご発声は、○○様にお願いします。
> では皆様、グラスをご用意ください。（〜乾杯）

乾杯時のグラスの扱い

グラスは当てず、アイコンタクトを取り、グラスを目線の高さまで掲げます。

自身が目下の場合は、相手のグラスより少し下（控えめ）に掲げるとよいでしょう。

ジョッキの場合は、軽く触れる程度に合わせることもあります。その際は、相手のジョッキの縁よりも少し控えめに合わせましょう。

お酌をする際には？

お酌の仕方にもポイントがあります。ここでは一般的なビールでご紹介します。

瓶のラベルを上に右手で持ち、手のひらを上側に向けて、左手を添えて注ぎます。

瓶を両手でしっかり持つと、ぬるくなりやすいので、左手は添える程度にしましょう。泡の量は3割程度が目安です。

目上の方からのお酌は受けてOK？

勧められたら受けて構いません。

「ありがとうございます」と、グラスを両手で持って受けましょう。ビール瓶の口の高さに合わせ、相手側にグラスを少し倒すと、注ぎやすく、泡も立ちやすくなります。

注いでいただいたら、一口だけでも口を付けるとよいですね。

なお、お酒が苦手な方は、その旨を素直にお伝えください。ただし、感謝の言葉と謝罪の一言も忘れないようにしましょう。

73　会食のご招待を辞退するときには？

　　取引先から会食のご招待をいただきましたが、辞退したいと思っています。
相手先に失礼のない断り方はありますか？

　相手先に失礼のないよう最大限の配慮をする

　ご招待くださるのは、自分や会社を大切だと思ってくださっているからです。可能な限り相手の気持ちを受け、参加したいものですが、様々な事情でお断りしなければならないこともあるでしょう。

　そのような場合は、最大限の配慮が必要です。

ご招待の段階で欠席意向を伝える

　既に先約が入っている場合は、ご招待時に指定された通信手段で伝えます。

　例えば、招待状が届いていれば、出欠の返信はがき、メールの場合はメールで返信します。

　ただし、はがきやメールだけの連絡で済ませると、配慮が伝わりにくい場合もあります。お会いする機会か、電話で
「参加できず残念です」
という気持ちを直接伝えるようにするとよいですね。

伝えるべきポイント

　辞退する旨を伝える際には、クッション言葉も活用し、丁寧に伝えることが大切です。

☐　ご招待いただいたことへの感謝
☐　お断りする理由
☐　残念な気持ちが伝わる言葉
☐　謝罪
☐　今後につながる言葉

> ご招待あり
> がとうござ
> います。
> あいにく…

急な体調不良などでお断りする

お約束したら必ず出席するのが基本ですが、体調不良などで、やむを得ずお断りする場合には、速やかにご連絡しましょう。

☐　状況が変わった時点で早めに連絡する
☐　謝罪のコメントから入る
☐　正直に理由を伝え、不本意である旨、気持ちを伝える
☐　ご招待をお断りすることへの謝罪を伝える
☐　今後につながる言葉を伝える

感染症流行期などには、会社としての姿勢を明確化する

感染症流行期などで、自粛要請がある際には、会社として社員の会食参加を控える場合もあるでしょう。その際は、丁重にその旨を説明すれば失礼には当たりません。

どのような場合に会食などを自粛するのかを、会社としてしっかり明確化しておくことが大切です。

74　会食で好印象を持っていただくには？

 Q　ご招待いただいた相手に、良い印象を持っていただくためには、どうすればよいでしょうか？
会食中、会食後などに注意するポイントはありますか？

A　会食に参加する際には？

会食は、今後もより良いコミュニケーションを取っていくためのものです。「会場」「主旨」「相手」に配慮した振る舞いが求められます。

□ コートや荷物は、できる限り席に持ち込まない
　クロークに預けるか、ない場合は足元やテーブル下へ
□ 会食中は、できる限り中座しない
　お手洗いは先に済ませる

携帯電話・スマートフォンの扱い

NG行動で多いのが、携帯電話やスマートフォンの扱いです。マナーモードに設定するか、電源を切ってしまっておきましょう。
会食中は、通話も操作も控えるのが基本マナーです。

会食中の姿勢で印象が変わる

会食中に気になるのが、「脚を組む」「腕を組む」「肘をつく」などの姿勢です。
日本では、フォーマルシーンで脚を組むことは、横柄な印象を与えます。また、上半身

の姿勢も崩れやすいので、避けるべき行動です。

腕を組むのは、「拒否の姿勢」といわれ、相手に失礼な行動です。

テーブルに肘を付くのも横柄な印象を与えます。

正しい振る舞いができないと、自身が恥をかくだけでなく、同席する相手にも恥をかかせてしまいます。

会食後にまたお誘いしたいと思われる行動

会食後は、ご招待くださった相手に、「感謝」と「感想」「今後へのご挨拶」を早めに伝えるとよいでしょう。

最も丁寧なのはお礼状ですが、早めにお伝えする場合や、リモートワークが多い方には、メールなどで送信するとよいでしょう。

Column　　会食中、煙草は吸ってもOK？

喫煙は、できる限り会の終了まで我慢したいものです。喫煙席であっても、デザートが終了するまで控え、相手に一言許可を得てから吸いましょう。これは、五感で楽しむお食事の美味しさを損ねないための配慮です。

会食直前の喫煙も、洋服に煙草の臭いがつきますので、できる限り控えるとよいですね。

＜ワンポイント知識＞

立食パーティのマナー

　レセプションパーティや交流会など参加することが多いのが立食パーティです。

　立食パーティはコミュニケーションを取ることが一番の目的です。ビュッフェスタイルでお食事なども楽しめますが、飲んだり食べたりに終始するのは、マナーに反しています。あくまで、コミュニケーションを円滑化するツールとして召し上がってください。

　なお、お料理を取る際には、列を乱さないこと、他の方のことも考え、少しずつ自分で召し上がれる量だけ取ってください。順番は、コース料理と同じ、前菜→スープ→メイン→デザート→コーヒー・紅茶の順が基本です。

　また、お料理を取る際には会話を控えてください。感染症対策でもあり、衛生面に配慮した行動です。

　会話中や名刺交換などの際には、お皿をテーブルに置くこと。

　会話が弾むと、お料理を取れなかったとパーティ終了間際に駆け込みで召し上がる方がいますが、これは主催者や会場にご迷惑をおかけするマナー違反行為です。客観的に見ていると、非常に恥ずかしい行動ですので気を付けましょう。

2．テーブルマナーの基本

皆様は、ご自身のテーブルマナーに自信はありますか？
フォーマルなシーンでの食事は少ないという方も
いらっしゃいますが、実は正式なマナーを知っておくことで、
その場に合わせた引き算で、カジュアルシーンでも
スマートな対応ができるようになります。
だからこそ「基本のテーブルマナー」を知ることは
とても大切なことなのです。

「この人マナーができていないな」
相手はそう感じても、指摘してくれません。
これは、相手に恥をかかせないためです。
そのため、一見楽しくお食事しているようで、
実は知らず知らずのうちに、相手に失礼な行動を取っていたり、
恥をかいていることもあるのです。

ここでは、主なテーブルマナーとして、
・フランス料理をはじめとした西洋料理のテーブルマナー
・中国料理の基本マナー
・和室、日本料理のマナー
についてご紹介します。

◇西洋料理の基本のテーブルマナー

75　お食事前、着席時、退席時の振る舞い方は？

 お食事で、フランス料理やイタリア料理などのレストランへ行くことが多いのですが、来店から着席、退席時のスマートなマナーはありますか？

 入店時のマナーある振る舞い方

　会食のマナーでも触れていますが、お食事シーンでは、テーブルを共にする相手だけでなく、お店や周囲への配慮を示せるのが、マナー上手です。

避けたい身だしなみのポイント

　お食事に行く際には、香水など香りが強いものは付けないようにしましょう。また、大きなアクセサリーは、食器やテーブルを傷つけるおそれがあるので、付けていかないようにします。

店内では、お店の方の指示に従って行動する

　到着したら、受付で予約の有無を伝え、お店の方の指示に従って席につきます。
　案内者の2〜3歩後方をご案内に沿って進みましょう。

椅子は基本左から座る

　椅子は左から入って座るのが基本です。椅子とテーブルの間に進み、着席します。テーブルとの距離が握り拳二つ分程度で座るとお食事がしやすいでしょう。

　バッグは、背もたれとの間に置くか、足元に置きましょう。

マスク会食を求められたら？

　感染症流行期には、お店からマスク会食を求められることもあるでしょう。当然のことですが、従ってください。食事をする際は、黙食して、会話をする際はマスクを着用して話しましょう。

退席時には

　お会計などの際には、右手を上げてアイコンタクトを取り、お店の方を呼び、会計をする旨を伝えます。「すみません」と大きな声で呼ばないようにしましょう。周囲の方にもご迷惑です。

　会計後、お店を出る際には「ありがとうございます」や「ごちそうさまでした」と笑顔で伝えると、お店への配慮や感謝も伝わります。

Column　**マナー上手はお店にも歓迎されている**

　「全てのお客様を大切にしています。特に、マナーができている方は大切にしたいと思います」これはレストランの声です。なぜならマナー上手な方は、レストランの格式を損ねず、周囲のお客様にもご迷惑をおかけしないため。是非リピートいただきたいと思っているのです。

　接客する側もされる側も人です。互いに尊重し合って気持ちよく利用したいですね。

76　グラスの持ち方、ワインのいただき方は？

 　先日、パーティのテーブルで、グラスが足りない席と余った席がありました。なぜそうなったのでしょうか？

　正しい持ち方や、ワインのいただき方も知りたいです。

 あなたのグラスの場所は

　自分の右側のグラスです。テーブルセッティングには決まりがあり、グラスは右側に置かれています。

　円卓で誰かが左側を取ると、余る、不足するということが起きます。グラスは右側、パン皿は左側と覚えておくとよいでしょう。

グラスの持ち方

　ワインやシャンパンなど、温度により味が変わりやすいものは、ステム（脚）付きグラスを使います。

　日本では、このようなグラスは一般的にステム（脚）を持ちます。グラスを親指、人差し指、中指でしっかり持ち、薬指と小指は軽く添えます。

　ビールやソフトドリンクは、注いでいただく際にグラスを持ち上げますが、ワインは持ち上げないのがマナーです。

　注ぐのもお店の方やソムリエと決まっています。

ワインのテイスティングの仕方

ホストや主賓などは、ワインのテイスティングを依頼されることもあるでしょう。

テイスティングは、「このワインの味でOKですか？NGですか？」と聞かれているわけではありません。セレモニーの意味が強く、保存状態や不純物の確認程度のものです。

＜テイスティングの流れ＞

① 親指・人差し指・中指の指先でグラスの脚を持ち、向こう側に少し倒してワインの色を見る。

② グラスの縁に鼻を近づけて香りをかぐ。

③ テーブルの上で、グラスの脚を人差し指と中指で挟んで、粗相がないよう反時計回りに回し、ワインと空気を混ぜる。

④ もう一度香りの変化を確かめる。

⑤ ワインを口に含み、ゆっくり息を吸い込みながら味を確かめる。

⑥ ソムリエに「結構です。どうぞ皆さんにお願いします」と伝えて注いでいただく。

Column	ワインのおかわりがいらない場合は

グラスが少なくなるとソムリエやお店のスタッフが注いでくださいます。

これ以上欲しくない場合には、何も言わず、右手の人差し指と中指をグラスの縁に添えましょう。これが「もう結構です」のサイン。コメントは必要ありません。

テーブル内の会話も止めることなく、このサインだけでお店に伝わるのです。

77　カトラリー（シルバー）やナプキンの扱い方は？

　今度初めてフォーマルなお店で食事をしますが、ナイフやフォークの扱い方が分かりません。
他にも間違いやすいマナーがあれば教えてください。

　カトラリー（シルバー）の持ち方

カトラリーはナイフ、フォーク、スプーンのことです。

＜正しい持ち方のポイント＞

□　脇をしめて持つ

□　ナイフ・フォークは、人差し指を背に乗
　　せ、人差し指に軽く力を入れて扱う

　カトラリーは、置き方でお店に様々なサインを送ることができます。

＜食事中＞

　ナイフを右、フォークを左で、8時20分の角度。
　お皿の縁を汚さないように置く。

＜食事後＞

　ナイフ・フォークを右に揃えて、4時20分の角度。
　お店の方が下げやすいように、お皿に入れる。

　食事中も食事後も、ナイフの刃先は、常に自分側
に向けましょう。

テーブルナプキンを取るのは？

テーブルマナーで間違いが多いのは、ナプキンの扱い方です。

□　主賓や上司から取る

□　起立して乾杯する際は、乾杯後に取る

□　それ以外は、席に着いたらすぐに取る

　お店の方から「ナプキンをお取りください」と言われる前に取りましょう。置き方は、二つ折りにして膝の上に置きます。

ナプキンの使い方

　ナプキンを使うのは、「口を拭く時」と「手を拭く時」です。二つ折りの上側の角裏側を使い、片方で口を拭き、片方で手を拭きます。

　ハンカチを使うのは、ナプキンが汚くて使えないという意味になり、お店に失礼な行為です。

中座中	椅子の上か背もたれに置く
食事後	テーブルの上にそのまま置くとフィニッシュのサイン

　食事後に綺麗にたたむのは「料理が不味かった」という意味なので、ご注意ください。

Column　　**粗相してしまったら？**

　もしもカトラリーやナプキンを落としてしまったら、自分で拾わず、お店の方に拾っていただきます。その際、相手に「失礼いたしました」と伝えて、右手を上げてお店の方を呼びましょう。

　なお、相手が粗相した際に「落ちましたよ」と伝えるのはマナー違反です。理由は相手に恥をかかせてしまうからです。

78　コーヒー・紅茶のいただき方のマナーは？

 食後のコーヒーや紅茶をいただく際に、左手をカップの底に添えたら間違っていると言われました。正しいいただき方があるのでしょうか？

 コーヒー・紅茶のカップの扱い方

コーヒーや紅茶を飲む際、日本茶のようにカップの底に手を添える方がいらっしゃいます。この動作は「ぬるい」という意味ですので、コーヒーや紅茶ではしないようにしましょう。

カップの出し方には2パターンある

Q58でもご紹介したように、カップの出し方は2パターンあります。

お店でも「アメリカンスタイル」「ヨーロピアンスタイル（イギリス式）」どちらを採用しているかで、出し方が異なります。

アメリカンスタイルは、持ち手が右手に、ヨーロピアンスタイルの場合、持ち手が左手に出されます。

紅茶はイギリスの文化ですので、正式にはヨーロピアンスタイルです。ヨーロピアンスタイルで出された際は、持ち手を右手で軽く持ち、手前からカップを回して飲みましょう。

正式にはカップの持ち手の輪に指を入れない

正式には、カップの持ち手の輪に指を入れません。ただし、落とし

てしまいそうな場合は、軽く人差し指を入れてもよいでしょう。

　ソーサーを持ち上げてよいのは、紅茶のみです。コーヒーは立食パーティ以外、ソーサーを持ち上げません。

美味しくいただくマナー

　コーヒーの一口目は、本来の香りを味わうため、ブラックでいただくとよいですね。砂糖やミルクを入れる場合も、一口目はブラックでいただき、その後に入れるとよいでしょう。

　紅茶は、最初から入れても構いません。

砂糖などを入れる際には？

　砂糖などの入れ方にも注意点があります。固形砂糖の場合は、自分のスプーンに一度受けて、静かに沈めて溶かしましょう。

　これは、勢いで飛び散る粗相を防ぎ、かつシュガーポットのトングなどを蒸気で湿らせないためです。

　かき混ぜる際は、静かにカップに当てないようにします。音をたてないと同時に、食器を大切に扱い、傷つけないためです。

　スプーンは、カップの縁に静かに当てて、しずくを落とし、カップの向こう側に置きましょう。

　食後のコーヒーや紅茶をいただいたらフィニッシュです。

　感染症流行期には、この時間まで会話を控え、マスクをして会話を楽しみましょう。

◇中国料理の基本のテーブルマナー

79　中国料理での基本マナーは？

 中国料理店で食事をすることになりました。円卓や、ターンテーブル、中国茶など中国料理ならではの部分もあるかと思いますが、いただき方のマナーはありますか？

 円卓の席次とターンテーブルのマナー

中国料理の円卓の場合も、出入口から最も遠い席が上座で、最も近い席が下座です。

ターンテーブルは時計回りが基本です。

料理は、上座の方から順番に取りましょう。

立ち上がって料理を取りに行ってはいけません。

料理を取る際には、他の方が取っていないか、確認し、こぼれないようゆっくりターンテーブルを回して料理を取りましょう。

取り分けはOK？NG？

大皿に載ってくる中国料理では、気を遣って取り分けをしたくなることもあるでしょうが、これはマナー違反です。中国料理は各自が食べる分を取って食べます。

取り分けをしたい場合には、お店の方にお願いして一名分ずつ分けてターンテーブルに載せていただきましょう。

汚れた皿は何度でも取り替えてよい

中国料理の取り皿は料理ごとに取り替えます。綺麗なお皿はターンテーブルに積まれています。足りなくなったらお店の方にお願いしましょう。

持ち上げてよい食器

中国料理で持ち上げてよい食器は、「箸」「れんげ」「茶碗」です。他の物は持ち上げませんので、お料理を取る際も、食べる際も、お皿はテーブルに置いたままにしましょう。

中国茶のマナー

油の多い中国料理では、中国茶を一緒にいただくことが多いですね。

温かいお茶は、ターンテーブルに急須で出されます。お茶がなくなってきたら、急須の蓋をずらしておくと、おかわりのサインです。

Column	食べるスピードにも配慮する

どのような料理でも、食事を共にする場面では、相手への配慮が大切です。

その一つに、食べるスピードがあります。相手とのスピードを合わせることは、相手も食事がしやすくなると同時に、店側もお料理の提供ペースをコントロールしやすくなるのです。

◇日本料理の基本マナー

80　和室での振る舞い方と着席時の注意点は？

 和室の日本料理店で食事をすることになりました。和室での注意点や、席次、座布団の座り方のマナーを教えてください。

A　和室の席次

和室の上座は、床の間を背にして座る席です。部屋に入ったら、床の間の位置を確認し、目上の方を床の間前にご案内しましょう。

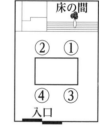

和室は、以下の点に注意します。

☐ 脱ぎにくい靴を履いていかない

☐ 靴下やストッキングを必ず履く

☐ 正座しやすい服装で行く

靴を脱ぐ際は、前を向いたまま上がり、お迎えの方にお尻を向けないようにそろえます。靴箱がある場合は入れましょう。

お店の方が「そのままお上がりください」とおっしゃったら、自分で靴箱に入れず「お任せします」とお伝えして上がります。

和室に上がる際には、素足は厳禁です。また、座布団に座りますので、女性はスカートの丈や形状に注意するとよいでしょう。

和室では踏んではいけない場所や物がある

和室の所作で注意したいのは、踏んではいけない場所や物です。

「敷居」「畳の縁」「座布団」は、踏んだり物を置いてはいけません。相手の物や場所を大切に扱うために、十分に配慮してください。

また、床の間は神聖な場所ですので、荷物などを置かないようにしましょう。

相手と挨拶する際は、起立せず、畳の上で正座してご挨拶します。

座布団に座る際には、座布団を踏まないよう、にじって座りましょう。

① 両手をグーにして座布団を押さえる
② 腕に体重を乗せて、膝を浮かせて移動して座る

なお、座布団には、前後、裏表がありますので、移動させたり、ひっくり返してはいけません。

Column　　**脱いだ靴を見れば、品格が分かる**

多くのお客様を接客する日本料理店で、こんな話を伺いました。「靴の脱ぎ方、靴の手入れを見れば、人は分かります」

手入れの行き届いた靴のお客様は、マナー良くお店を利用くださり、乱雑な脱ぎ方、手入れをしていない靴のお客様は、他のお客様にご迷惑になるような行動を取ることもあるそうです。

靴にも気を配る方は、他者にも配慮できるのですね。

81　箸や器の持ち方のマナーは？

　箸使いが苦手です。最近は日本料理がグローバル
化し、海外の方も箸を上手に扱うので、日本料理の
最低限のテーブルマナーを覚えておきたいと思っています。

箸に始まり、箸に終わる

日本料理の作法は、箸使いが基本です。正しい箸使いは、正しい食べ方にもつながります。

＜箸の取り方＞

① 　右手で持ち上げる

② 　左手を箸の下から添える

③ 　右手を滑らせるように箸の下側へ

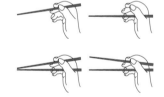

＜箸の動かし方＞

　箸は上の一本を中指と人差し指で軽く挟み、親指で固定します。

　下の一本は、薬指の上に添えるように持ち、上の一本だけを動かします。

　このような持ち方ができると、食べ物を掴んだり、切る際などに箸先にしっかり力が加わり、正しい食べ方ができます。

＜箸の置き方＞

　箸を置く際は、持ち上げるときの逆の動作をします。

　箸置きには、口を付けた部分3センチ程度を先に出して置きます。

「もろおこし」をしない

　器を持ち上げる際、左手で器を、右手で箸を同時に持ち上げるのは、「もろおこし」といわれ、粗相の元です。

　大切な器や箸を丁寧に扱うためには、利き手、両手を使いましょう。

① 　右手で器を持ち上げる

② 　左手に持ち替える

③ 　右手で箸を持ち上げ、左手の薬指と小指の間で挟む

④ 　右手を滑らせて、持ち替える

　なお、日本料理で器を持ち上げてもよいのは、小皿や小鉢等の約5寸（15センチ）までの器のみです。

Column　気付かされた自国のアイデンティティー

　海外でも人気の高い日本料理。そこで、海外の方と日本料理の会食をすることになりました。すると、接待側だった日本人の箸の持ち方を見た海外の方が「あなたはなぜ、日本人なのにそのような箸の持ち方をするのですか？自国のアイデンティティーを大切にできない方と、どのように信頼関係を築いていけばよいのですか？」とおっしゃったそうです。

箸と器の扱い方を動画でご確認いただけます。
NPO法人日本サービスマナー協会
動画「「お箸」「お椀」正しい持ち方」

＜ワンポイント知識＞

「懐紙」を上手に活用する

　「懐紙（かいし）」をお使いになったことはありますか？茶道など一部で使うものと思われがちですが、実はとても便利なものです。懐紙は、茶道売り場だけではなく、文房具売り場や近年では100円均一ショップでも販売しています。

　一般的には、お食事を召し上がる際に、

・口元をぬぐう

・口元を隠す

・魚などをつまんだり押さえたりする

・受け皿代わりにする（手皿は本来はNG）

・骨などの残り物を隠す

・布巾の代わりとして使う

・熱い器を持つ際に使う

などに使います。

　この他にも、箸袋がないときに箸袋代わりに使ったり、お菓子を配る際に懐紙の上に載せる、ポチ袋代わりにする、メモやメッセージ用として使うこともできます。

　私は「ありがとうございます」というメッセージの入った懐紙を作っていただき、メッセージ用や、箸袋、名刺をお送りする際に名刺を包むものとして使うなどしています。

　正しい和食マナーにつながるだけでなく、気遣いなどを示すものとしてぜひお使いになってみてはいかがでしょうか？

3．冠婚葬祭でのマナー

結婚式をはじめとしたお祝いや、葬儀・告別式などの弔事は、
社会人として誰もが必ず接するシーンです。
しかし、学ぶ機会が少なく「どのようにされていますか？」
と伺うと、「インターネットで調べたり、周囲を見ながら行って
いるが合っているか知識が曖昧だと思う」など、
不安を感じている方も多いものです。
特に、葬儀・告別式は突然の出来事ですので、
準備する時間もありません。

また、冠婚葬祭などの一般マナーは、
ビジネスマナーの基となったマナーでもあり、
ビジネスでもプライベートでも、日常的に活用できるものです。
例えば、招待状の返信などは、ビジネス上のパーティなどの
招待状返信にも通じるものです。

ここでは、
・葬儀・告別式・お別れ会などのマナー
・結婚式・披露宴でのマナー
に加えて、日頃からご質問の多い
・お見舞いのマナー
・引っ越しや出産などのお祝いマナー
についてもご紹介します。

◇葬儀・告別式・お別れ会への参列

82　葬儀・告別式・お別れ会に参列するときは？

 　　葬儀・告別式・お別れ会などに急に参列すること
になった際に、必要なものはありますか？
また、気を付けるべきポイントはあるのでしょうか？

 弔事に参列するに当たって

　弔事は急に訪れます。だからこそ、社会人になったら、最低限弔事
に参列できる準備は常にしておきたいものです。

＜弔事に必要なもの＞

□　ブラックフォーマル

□　数珠

□　袱紗

　どのような宗派でも、ブラックフォーマルは必要です。

男性	ブラックスーツ、白のカッターシャツ、黒ネクタイ、黒靴下 靴（フォーマルは、内ばねストレートチップ）
女性	ブラックフォーマル、布製の黒バッグ、黒ストッキング、パール一連ネックレス・一粒イヤリング、黒パンプス（本来、殺生したものを身に着けるべきではないので、あれば布製のパンプスがよいでしょう。）

葬儀などでマスクを着用する際には？

　感染症流行期などの際は、マスクを着用するでしょう。弔事用に新たにマスクを購入する必要はありませんが、色や柄には配慮しましょう。

　ふさわしいのは、一般的な白のマスクです。なければ、無地のグレーや黒っぽいマスクでも失礼に当たりませんが、人によってはカジュアルに感じる方もいるでしょう。

　避けたいのは、柄のあるマスクや派手なカラーのマスクです。マスク入手困難など、特別な状況下でなければ避けてください。

通夜と葬儀はどちらに行けばよい？

　地域差もありますが、もともと通夜は、親しい方が参列するもので、一般の方が葬儀・告別式に出向くものでした。

　通夜は夜なので、現在は都合がつきやすい通夜式で失礼する方も多くなっています。

感染症流行期で葬儀や告別式に参列できなかったら？

　万事繰り合わせて参列すべきものとされてきた弔事ですが、感染症流行期には、感染拡大防止への配慮が必要です。

　ご遺族の意向や、移動距離、状況などによって判断しましょう。弔意を表したい場合には、香典を現金書留で送ったり、弔電、供え物などで表す、後日のお別れ会に参列するなど、別の形式で気持ちのお届けができるとよいですね。

83　金封袋の書き方と上書きは？

弔事は突然なので、金封袋の書き方をしっかり知っておきたいと思います。
また、宗教・宗派ごとの上書きについても教えてください。

弔事に使う金封袋

弔事に使用する金封袋は、結び切りで熨斗のないものです。水引は黒白や黒銀、黒黄色などのものがあり、宗教・宗派や地域、金額に合わせたものを選びましょう。

薄墨を使って書く

表書きは、薄墨を使って自分の名前をフルネームで縦書きします。

＜仕事関係で香典を出す場合＞

会社として香典が出ている場合	「会社名と社長名」
複数名で出す場合	3名までは「全員の名前」
4名以上の場合	「○○一同」と記載し、金封袋の中に全員の名前を縦書きした用紙を入れる。

このお名前がないと、遺族が誰から香典が出ているのか、確認しなければならなくなります。手間をかけないよう記載しましょう。

金封袋の裏側、または内袋には、金額や住所を必ず記載してください。

| | 社長名の場合 | 3名以内 | 4名以上 | 中紙 |

一般的な金額

友人や知人	3,000円〜1万円
会社関係	5,000円〜1万円
親しい方	1万円程度

※親戚、親族の場合は親しい間柄ほど多くなる傾向です。

　なお、新札は避けるのがマナーです。新札しかない場合は、折り目をつけて入れてください。

宗教・宗派による違いは？

　金封袋の上書きは、相手の宗教・宗派に合わせて持参します。

　仏式では、「御香典」「御霊前」が一般的ですが、宗派により、「御仏前」を使用します。これは、宗派による教えの違いによるものです。「仏式」と分かっていれば、「御香典」を選べば宗派にかかわらず対応できます。

　神式、キリスト教式、いずれにも対応できるのは「御霊前」です。

　感染症流行期などに、香典を現金書留で郵送する場合も同様に金封袋に入れて用意し、一筆添えて送付するとよいでしょう。

84　葬儀・告別式での振る舞い方のポイントは？

 　　急な葬儀や告別式で、失礼のない振る舞い方ができているのか心配です。
また、拝礼の仕方も分かりません。

 葬儀や告別式での振る舞い方

　弔事は、慈しみの態度や表情で伺いたいものです。最も悲しいのは、ご遺族ですので、ご遺族に配慮した態度で接することも大切です。

振る舞い方のポイント

　会話は控え、静かに故人を見送ります。

　受付でのお声掛けも、大声や語尾をはっきり強く言わないことがポイント。

　また、会場内を歩く際には、控えめに端を歩くようにしましょう。特に、祭壇へ続く中央は、導師や故人の霊が通る神聖な場所です。

拝礼の仕方は宗教により異なる

　拝礼は、仏教、神式、キリスト教式で異なります。

　仏式葬儀の場合には、数珠を持参しますが、神式、キリスト教式の場合には、必要ありません。

＜仏式拝礼＞

① 数珠を左手に持つ

② 拝礼時には、遺族、僧侶、遺影に一礼

③ 焼香は、右手親指、人差し指、中指で行う
　　回数は宗派によるが、マナーでは1回行
　えばよい

④ 遺影を見て合掌し拝礼する

⑤ 遺族に一礼して自席に着席する

＜神式拝礼＞

　仏式の焼香に当たるのが、玉串奉奠です。

① 玉串は枝が右に来るよう渡される

② 時計回りに枝を自分側に向ける

③ 左手を滑らせて枝を持ち右手を葉の下へ

④ 180度時計回りに回転させて供える

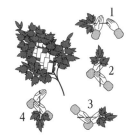

＜キリスト教式拝礼＞

　キリスト教式では、献花を行います。

① 花が右側、枝が左側に持つ

② 90度時計回りに回転させ、枝が祭壇側に
　来るよう供える

Column　　**悲しいからといって…**

　親しい方が亡くなったとき、ご遺族でなくても大きな悲しみを感じることがあります。しかし、それ以上に悲しいのはご遺族です。自分の悲しみに浸りすぎて、ご遺族に気を遣わせるような態度は控えるとよいでしょう。

　最も優先すべきは、ご遺族であることをお忘れなく。

85　ご遺族へのお声掛けで気を付けることは？

 葬儀や告別式で、ご遺族にどのようにお声掛けすればよいのか迷います。
言ってはいけない言葉などはありますか？

 忌み言葉に注意する

　冠婚葬祭では、使ってはいけない「忌み言葉」があります。弔事で使ってはいけない言葉には、以下のようなものがあります。

＜何度も続くことを想像する「重ね言葉」＞
　また　再び　たびたび　重ね重ね　くれぐれも　追って　しみじみ　ますます　いよいよ　繰り返し　続く　など

＜苦しみを連想する言葉＞
　苦しむ　九　四　など

＜生死を直接的に表現する言葉＞
　死ぬ　死亡　生きる　生存　など

　これらの言葉は避けて、言い換えをしましょう。
　このような言葉は、ご遺族へのお声掛けだけでなく、受付、弔電、弔辞など全てのシーンで控えるようにします。

　ご遺族へのお声掛けは手短に

　突然ご家族を亡くしたご家族は、短時間に通夜、葬儀など様々な対応をしなければならず、心身ともにお疲れです。
　お声掛けはできる限り手短にするのがマナーです。故人への気持ちは、ご遺族への配慮で表現しましょう。

宗教ごとに異なる言葉遣い

お悔やみの言葉は、宗教ごとに異なります。

＜仏式の代表例＞

「この度はご愁傷様でございます」

「心よりお悔やみ申し上げます」

「ご冥福をお祈り申し上げます」

＜神式の代表例＞

「心よりお悔やみ申し上げます」

「御霊のご平安をお祈り申し上げます」

＜キリスト教式代表例＞

「安らかな眠りをお祈り申し上げます」

「天に召された○○様のご平安をお祈り申し上げます」

など、それぞれの宗教に合わせたお声掛けをしましょう。

86　供花や供物、弔電を送る際のマナーは？

 　供花や供物、弔電を送る際のマナーはありますか？

　また、最近はご遺族がお断りされることも多いと聞きますが、ご意向をどのように確認すればよいでしょうか？

　ご遺族（喪主家）の意向に配慮

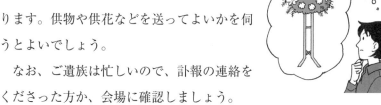

　弔意は表したいものですが、ご遺族の意向に反しては、ご遺族がお困りになることもあります。供物や供花などを送ってよいかを伺うとよいでしょう。

　なお、ご遺族は忙しいので、訃報の連絡をくださった方か、会場に確認しましょう。

　辞退される意向の場合は、他の方にもお断りになっているので、ご遺族の意思を尊重し、無理に送らないようにしてください。

供えるものは、宗教、地域によっても異なる

　お供えするものは、宗教や地域の風習によって異なる場合があります。会場の担当者はプロですので、困った際は会場に伺うとよいでしょう。

　また、会場によっては持込みができないケースもありますので、供花や、フルーツなどの供物は、会場を通してお願いするとよいでしょう。

＜仏式のお供え例＞

　生花（地域によっては花輪）、果物、お菓子、お酒、

　ロウソクやお線香　など

＜神式のお供え例＞

　お酒、菓子、果物、米、海産物　など

＜キリスト教式のお供え例＞

　白の花に黒のリボン

　一般的に、供物は送らない。

弔電のマナー

　弔意を表現する方法に、弔電があります。

　弔電は、感染症流行期などで伺えない際に弔意を示す際にも活用しやすいでしょう。

　送る際は喪主宛てに、通夜や葬儀・告別式に間に合うように手配しましょう。文面は故人との関係性に合わせて、忌み言葉に注意して記載します。

Column	葬儀と告別式って何が違うの？

　「葬儀」は、宗教的な儀式を指します。仏式を例に挙げると、導師の読経です。「告別式」は、言葉通り別れを告げる儀式。焼香から、出棺までを指します。

　葬儀会場内での読経や焼香が済むと、式典が終わったように感じる方もいらっしゃいますが、最後の出棺までが大切なセレモニーです。コートなどの上着は着用せず、身を正して見送りましょう。仏式の場合は、出棺まで数珠も手に持ち合掌します。

◇結婚式・披露宴に招待されたら？

87　招待状の返信マナーは？

 結婚式の招待状が届きました。返信するタイミングはいつ頃がよいのでしょうか？
また、正しい書き方を教えてください。

 返信は早いのが好印象

　招待状の返信は、たとえ返信期限が書かれていても、早めに返信するのがマナーです。このスピードもお祝いの気持ちとして感じます。遅くても届いて1週間以内には返信しましょう。

書き方のポイント

☐　「御」「御芳」を二重線で消す
☐　ご出席・ご欠席の必要のない方を二重線で消す
☐　出席・欠席は文章になるように記載
☐　お祝いの一言を添える
☐　文章に「、」「。」を付けない
☐　相手先の「行」を「様」に変える

　筆記具は、正式には筆（筆ペンでよい）ですが、難しい場合には、濃い色で、消えたりかすれたりしないペンを使いましょう。
　薄い文字は、縁起が悪いので避けてください。

招待状の書き方例

忌み言葉に注意する

　結婚式にも使ってはいけない忌み言葉があります。不幸を連想したり、何度もあることを連想させる忌み言葉は、招待状の返信時はもちろん、当日のスピーチなどでも使わないように注意しましょう。

＜不幸を連想させる言葉＞

　死ぬ　落ちる　忙しい　なくす　欠ける　悲しむ　最後　など

＜別れを連想させる言葉＞

　切る　戻る　離れる　去る　割る　壊れる　帰る　別れる　など

＜重ね言葉＞

　重ね重ね　くれぐれも　いろいろ　次々　時々　わざわざ　など

＜上手な言い換え例＞

・最後に　→　結びに

・スタートを切る　→　スタートラインに立つ

・いろいろ　→　多く

88　当日の身だしなみは？

　結婚式・披露宴に出席することになりました。どんな服装をしていけばよいか迷います。
身だしなみのマナーを教えてください。

　主役は新郎新婦

　当然のことですが、主役は新郎新婦です。当日の身だしなみでもお祝いができるような服装を心掛けましょう。

□ 花嫁の色「白」を避ける

□ 場の格式に合わせた身だしなみ

□ 過度な露出やカジュアルすぎるものは避ける

□ 華やかさはありつつ、派手になりすぎない

□ 全ての年代層から受け入れられる

□ 靴下やストッキングは必ず着用する

□ 脚のつま先は出さない

　様々な方が参加する結婚式や披露宴では、それぞれの関係者が、結婚する相手はどのような方だろうと気にしています。

　その判断材料の一つは、互いの列席者です。身だしなみや振る舞いで、お二人が評価されることもあります。

＜男性＞

ブラックスーツ、またはダークスーツでネクタイ着用、足元は革靴

＜女性＞

ドレッシーなドレス、ワンピース、ツーピース、ストッキング

ネックレスやイヤリング、足元はつま先の出ないパンプス

昼間は光るアクセサリーを避け、夜はアクセサリーなどで華やかに

訪問着、ご結婚前は振袖など

ブラックスーツ　　ダークスーツ　　昼間　　夜間

Column　　**制服での出席はOK？**

　このご質問、実はとても多いのです。学生服など制服は、正式な装いです。制服でご出席いただいて構いません。

　しかし、毎日学校で着用しているままだと、しわや乱れが気になる場合があります。一度クリーニングに出すなどして、綺麗な状態でお召しいただくとよいでしょう。

　なお、足元は、スニーカーではなく、手入れしたローファーなどにしていただくとよいですね。

89　挨拶などの指名を受けたら？

 　　披露宴で挨拶やアトラクションを頼まれました。
適切な時間はありますか？

　また、構成の仕方や、気を付けるべきポイントなどはあり
ますか？

 スピーチの時間は3分が目安

　進行表の上では、スピーチはおおよそ5分で計算します。しかし、この時間は司会が紹介する時間から、スピーチが終わり着席する時間までを想定しています。スピーチ内容自体は、3分程度でご用意いただくとよいでしょう。

＜スピーチの構成＞

① 　祝福の言葉（お二人、ご両家）

② 　自己紹介

③ 　お二人の人柄やエピソード

④ 　はなむけとなる言葉

⑤ 　結びの言葉

　司会から紹介があったら起立し、一礼して
マイクの前まで進みます。マイクの前で一礼し、笑顔でスピーチしましょう。

　ご両親が起立なさっている場合には、着席のコメントを入れると、配慮を感じていただけます。

内容は褒めるのが基本

ご友人で一部の方への受けを狙ったスピーチをしてしまう方がいますが、これはマナー違反です。一部の方にしか分からない話ではなく、お人柄が伝わるような話をしましょう。

お二人の株が上がるように「褒める」のが基本です。

乾杯の場合には？

乾杯の発声をする際は、スピーチの所要時間を、お二人か会場担当者、または司会者に伝えておくとよいでしょう。

所要時間によって、列席者に起立してグラスを持っていただくタイミングを調整くださいます。

アトラクションなどを依頼されたら？

持ち時間がどのくらいあるかを聞いておくとよいですね。何も言われなければ、スピーチと同じくらいの時間でしょう。

持ち時間にリクエストがある場合は、お二人に伝えておきましょう。内容によっては、会場担当者の連絡先を聞き、直接打合せをするとよいでしょう。

また、アトラクション前後に着替えや準備時間が必要な場合や、会場で準備いただかなければならないものは、会場担当者に伝えておくとスムーズです。

90　ご祝儀のマナーは？

　　　　結婚式・披露宴の際、持参するご祝儀の金額に迷います。相場はいくらくらいでしょうか？
また、お渡しの仕方などにマナーはありますか？

　ご祝儀の相場

お二人との関係性によりご祝儀には相場があります。

ご友人	3万円
ご同僚	3万円
上　司	3万円～5万円
親　族	5万円～10万円

割り切れる数字や縁起の悪い数字を避ける

　お二人のスタートラインですので、持参する金額やお札にも配慮します。銀行で両替して「新札」を用意して持参しましょう。

　金額は、3万円、5万円、7万円の割り切れない金額や、末広がりの8万円、水引と同じ意味合いの5×2（両家）の10万円がよいでしょう。カジュアルなパーティの場合、カップルを意味する2万円はよいとされています。

結び切りの金封袋を使う

お祝いの金封袋には、「結び切り」と「蝶結び」があります。

　一度きりがよいお祝いは結び切りを、何度あってもよいお祝いは蝶結びを使います。結婚式には結び切りの金封袋を使ってください。

　また、熨斗がついたものを使用します。

　金額に合わせた格式の金封袋を用意し、濃い墨文字で表にフルネームを記載します。

お渡しする際には？

　用意した金封袋は、それ自体が相手へのギフトです。

　汚れないように袱紗に入れて持参します。明るい色目の慶事用または、慶弔両方で使用できる紫色の袱紗に入れて持参ください。

　受付でお祝いの言葉とともにお渡しします。

Column　　**ご祝儀の内訳**

　ご祝儀はなぜ出さなければならないのか？高いのでは？というご質問を時々受けます。

　ご祝儀は出席者が祝福としてお渡しするものですが、お二人の負担への気遣いの意味もあります。

　内訳は、当日のお食事＋引き出物＋お祝いの意味です。

　感染症流行期や遠方からのオンライン参加などの際にも、お料理、引き出物の有無など、状況に合わせてお渡ししたいですね。

91　結婚式・披露宴での振る舞い方は？

 結婚式・披露宴に出席した際には、どのようなことに気を付ければよいでしょうか？
振る舞い方にマナーはありますか？

 振る舞いでもお祝いする

披露宴は言葉のとおり「披露する宴」です。

出席者もお二人を理解するポイントとして他の出席者に見られていますので、祝福の気持ちを振る舞いで示したいですね。

到着時間は受付開始時間を目安に

開始時間は、全ての準備が整い、結婚式や披露宴に新郎新婦が入場する時間です。到着時間は受付開始時間を目指しましょう。

同席する皆様への配慮

披露宴には様々な方が出席し、初めてお会いする方とテーブルをご一緒することもあります。着席時は、同じテーブルの方にご挨拶して、パーティ中も和やかにお過ごしください。

特に注意したい振る舞いのポイント

結婚式や披露宴では、常に公の場である意識を持つことが大切です。
□ 開始からお開きまで社交の場として振る舞いに注意する
□ 進行に協力して、参加意識を持って行動する
□ 煙草、手洗いなどで、長時間の離席をしない

　挨拶や乾杯、アトラクションなどの間は会話を控え、話を聴いたり、しっかり拍手するなど、参加意識を持って振る舞うのがマナーです。

　写真を撮ったり、お二人にお祝いのお声掛けをするのは、素晴らしいことです。ただし、他の出席者や進行の妨げとならないような配慮は大切です。

　また、写真などのSNS投稿は、お二人や他の出席者のプライバシーに配慮し、必ず本人の許可を得てください。

マスク着用を求められたら

　感染症流行期には、マスク着用を求められることもあるでしょう。会場やお二人の意向に沿って、配慮ある行動を心掛けてください。

Column　　**同窓会気分で参加して台無しに**

　新郎は学生時代の友人。出席者として久しぶりに同級生が顔をそろえました。

　ついつい学生時代にタイムスリップし、ワイワイ盛り上がり、一気飲みをスタート。クライマックスの新婦の手紙やご両親への花束贈呈の頃には、何名かが体調を悪くして、場の空気は台無しに。新婦と新婦のご両親は、その様子に冷ややかな反応でした。

　お二人にとって結婚式後の共に歩む生活が肝心です。エールを贈る行動を取りたいものですね。

92　参加を辞退することになったら？

 　結婚式・披露宴への参加をやむを得ず辞退することになりました。

ご祝儀はどうすればよいでしょうか？また、何かお祝いはした方がよいのでしょうか？

　お二人の結婚式・披露宴への気持ちに配慮する

　結婚式や披露宴に招待する方々は、お二人が大切だと思っている方々です。出席者は、その気持ちを受け止め配慮することが大切です。

やむを得ない辞退の場合は？

　お二人は、席次やお料理、引き出物の手配など、多くの準備をしています。

　急な欠席は、手間とともに金銭的な負担がのしかかります。せっかくのお祝いの場が、お二人のご負担になっては残念ですね。

　そのようなことにならないよう、万事繰り合わせて参加するのがマナーです。

　しかし、体調不良などでやむを得ず参加を辞退することもあるかもしれません。その場合は、お二人のご負担を最小限に抑えるよう配慮することが大切です。

辞退する際の連絡のポイント

☐ 辞退しなければならないと分かったら、早めに連絡する
☐ メールよりも電話など直接伝えられる方法を選ぶ
☐ 理由は正直に伝える

　万が一身内の不幸や、病気などの縁起が悪いことや、お二人が気を遣うことが予想される内容は、伝え方に配慮が必要です。改めて結婚式後に、お二人が落ち着いてからお伝えするとよいでしょう。

辞退した場合のご祝儀は？

　お二人は一旦お席やお料理、引き出物を手配なさっていますので、基本的には、ご祝儀は出席時と同様にお渡ししたいものです。
　当日まで期間があり変更ができる場合も、お二人の手間や、ご招待くださったことに感謝して用意したいですね。
　ご祝儀は金封袋に入れて用意し、事前に現金書留などで、お祝いの手紙と一緒に送るとよいですね。

お祝いの気持ちを会場に届ける

　本来、会場で祝福する予定だったわけですから、お祝いの気持ちを会場にお届けしたいものです。一般的には、祝電やお花にメッセージを付けるなどするとよいでしょう。

感染症流行期などには対応を相談することも

　感染症流行期に徐々に状況が悪化している時期などは、移動を伴う出席がある場合は、早めに対応を相談しておくとよいでしょう。出席する場合は、体調管理に十分にご注意ください。

93　結婚式・披露宴へのオンライン参加は？

　　　結婚式・披露宴が感染症流行期などの場合や、遠方で伺えない場合などに、オンライン参加も検討したいと思っています。
　そのような場合のマナーはありますか？

　オンライン参加という選択肢

　コロナ禍で結婚式・披露宴への出席にも、新たにオンラインという選択肢が加わりました。いつでも、どこにいても、お二人の晴れ姿を祝福できるのは、素晴らしいことですね。

基本的には参加形式はお二人が決める

　お二人や会場の進行などにもご負担をかけますので、参加形式は、新郎新婦が決めるものです。参加者が勝手に、「オンラインで出席します」というものではありません。
　しかし、感染症流行期などに、自身の地域に緊急事態宣言による移動自粛要請が出た場合や、自身の体調不良、濃厚接触者に特定された場合には、無理をして会場に行くべきではないでしょう。
　このような際には、お二人に相談してみるのも一案です。

オンライン参加する際には？

　オンライン結婚式や披露宴は、会場にライブ中継されていることが多いでしょう。

　画面に映る自身の印象で、祝福の気持ちを表現したいですね。

☐　身だしなみは、会場出席時と同様
☐　画面に映る姿勢、表情には配慮する
☐　画面に映る背景にも気を付ける

挨拶や乾杯の発声をお願いされたら？

　オンライン会議ツールのマイクやスピーカーのテストはしっかり行っておきます。

　当日披露宴前に会場と簡単な打合せがあることも多いので、余裕を持って準備を行い、スタンバイしてください。

　乾杯の発声を行う場合は、グラスなどもフォーマルな印象のものを用意できるとよいですね。

Column　　**ビデオメッセージでのお届け例**

　リアルタイムでのオンライン参加ができない場合には、メッセージを録画してお届けするのも一案です。録画だからこそできる編集や工夫もあるでしょう。

　なお、動画を会場で流すか、お二人だけで楽しむかはお二人にお任せするとよいですね。お二人を祝福する気持ちをどのようにお届けするのか、その方法も多様化しています。

◇お見舞いのマナー

94　病気やけがなどのお見舞いとお返しのマナーは？

 病気やけがなどのお見舞いで入院先に伺う場合の
マナーはありますか？お見舞いの品物で気を付ける
点はあるでしょうか？
　また、お返しにもマナーがあれば教えてください。

 入院先へのお見舞いのマナー

　お見舞いに伺う際は、相手の体調や、他の患者様、病院への十分な
配慮が大切です。配慮が不足すると、相手にかえってご迷惑をかける
こともあるので、適した時期を考えて伺いましょう。

□ 相手の状況と意向
□ 入院前後、退院前後、手術前後を避ける
□ 病院のお見舞いのルールを守る
□ 他の患者様のご迷惑にならない配慮をす
　　る

感染症流行期には事前に確認

　感染症流行期には、一般のお見舞いを全てお断りする病院もありま
す。自己判断で伺わず、必ず確認しましょう。

病気、けがなどの際のお見舞いの相場

お見舞いの相場は、おおよそ5,000円〜1万円程度です。
掛け紙や金封袋は、熨斗のついていないものを選びます。
水引は結び切りか、水引のない封筒を使用しましょう。

お見舞いの品は？

病状などへの配慮が必要です。例えば、食べ物の場合、本人が食べられないものや、病院から止められているものは持っていってはいけません。

お見舞いで縁起が悪いとされるもの

根の付いた植物や花は、「寝付く」を想像する縁起の悪いものです。病気やけがのお見舞いに持っていってはいけません。

病院や周囲のご迷惑となるものを避ける

香りの強い花などは、病院や周囲のご迷惑となります。病院によっては、植物の持ち込み自体が禁止されているところもありますのでご注意ください。保管が大変なものも避けた方がよいでしょう。

お見舞いへのお返しのマナー

お見舞いをいただいたら、退院して落ち着いた頃に、お返しを送ります。
表書きは「快気祝」「快気内祝」「全快祝」「全快内祝」などとし、いただいた金額の半額〜3分の1程度のもので、使い切るものを選びましょう。

95　復職してきた同僚や後輩がいたら？

 病気やけがから同僚や後輩が復職してきました。
接し方などで気を付けるべきことはありますか？
また、自分自身が復職する立場の際にもマナーはあるので
しょうか？

A　復職時には、配慮やコミュニケーションが大切

　病気やけがなどで会社を長期お休みした際は、復職者は復職に不安
を持っていることが多いでしょう。周囲の理
解と配慮が大切です。

　復職者と上手くコミュニケーションを取り
スムーズに受け入れるためにも、部署内で、
復職時、どの程度のペースで仕事を行ってい
ただくかなど、共有してバックアップできる
体制を整えておくとよいでしょう。

できる限り自然に接する

　職場復帰してきた方を、皆様の明るく自然な挨拶で迎えましょう。
「おはよう」「待ってたよ」「また一緒に働けてうれしいよ」などの歓
迎の気持ちを表現すれば、復職者も不安が消えて、働きやすいと感じ
ることでしょう。

　まずは安心感を与えることが大切です。

自分が職場復帰者になった場合

病気やけが、産休などで、自分が職場復帰者になることもあります。
その場合は、自ら積極的なコミュニケーションを意識していくと、
周囲の協力も得やすくなります。

復職の挨拶の仕方

休んでいた間は、業務を周囲の方がカバーしてくださっています。
感謝の気持ちをしっかり表現しましょう。

まずは直属の上司から

休職前、休職中など様々な対応を一番してくださっているのが直属
の上司です。真っ先に挨拶をしたいですね。
続いて部署の方などにしっかりご挨拶しましょう。
前向きな挨拶をすれば、復職後の皆様の協力を得やすくなります。

＜復職の挨拶で伝えること＞
□ 休職させていただいたことへの感謝
□ 皆様にご迷惑をおかけしたことへのお詫びと感謝
□ 現在の状況
□ 復職への前向きな気持ち
□ 復職後、配慮やお願いをしたいこと
□ 前向きな結び

96　火事・災害お見舞いと陣中見舞いは？

　　火事・災害のお見舞いは、どのようなことに気を付ければよいでしょうか？

その他にもお見舞いを贈るシーンはありますか？

　火事や災害のお見舞いは？

火事や災害のお見舞いは、できる限り早く駆けつけたり、連絡を取るのがよいですね。

大きな災害の際は、電話が通じなかったり、一斉に連絡を取ると本当に大切な連絡が届かず、相手のご迷惑になる場合もあります。状況に配慮しながら、相手に役立つお見舞いができるとよいですね。

お見舞いの金額や贈るものは？

お返しが必要ない程度、5,000円～1万円程度のものを贈ります。

災害時は、お見舞いの品がすぐに届かないこともあります。冷蔵品や賞味期限が近いもの、保管に困るものは避けた方がよいでしょう。該当するものがなければ、現金を贈れば、必要なものに変えられます。

□　相手がすぐに使えるもの
□　使えるものに変えられるもの

お返しは必要ないが…

　大変な状況下ですので、お返しは必要あり
ません が、お見舞いをくださった方は、心配
なさっています。

　落ち着いたら、必ずお礼と報告をしましょ
う。

陣中見舞いもお見舞いの一つ

　その他のお見舞いシーンに陣中見舞いがあります。陣中というの
は、昔の戦争の陣を指します。転じて、今は大会やイベント、選挙な
どの際、会場や事務所にエールを届けるようなお見舞いを指します。

陣中見舞いは初日がベスト

　「頑張ってください」という意味ですので、贈るのは初日がベスト
です。

　会場で振る舞うことが多いので、お菓子やジュース類などが一般的
です。金額は3,000円〜5,000円程度の個別包装や、数があり、振る舞
いやすいものなどがよく選ばれます。

　なお、選挙の陣中見舞いは、公職選挙法第139条にのっとって贈るよ
うにしましょう。

陣中見舞いにお返しは不要

　お返しは特に必要としませんが、陣中見舞いをいただいた方には、
お礼や結果報告を忘れずに行いましょう。

◇その他のお祝いのマナー

97　引っ越し・新築祝いを贈る際のポイントは？

 引っ越しや新築祝いを贈りたいと思います。
適したお祝いの品はありますか？
また、贈ってはいけないものはありますか？

 引っ越し・新築祝いのタイミング

引っ越し時や直後は、相手も忙しいでしょう。新居に招かれた際や、相手が引っ越しして1か月程度後、落ち着いた頃が最適です。

引っ越し・新築祝いの金額

関係性にもよりますが、おおむね5,000円～1万円程度の品物を贈ります。

引っ越し祝いと新築祝いの違いは？

どちらで贈ったらよいのか迷う方もいらっしゃいます。

新築住宅や新築マンションを購入した際は「新築祝い」とし、中古住宅や、中古マンションに入居された際には、「引っ越し祝い」とするのが一般的です。

賃貸の場合は、「餞別」が一般的ですが、近年は「引っ越し祝い」としてもよいでしょう。

引っ越しや、新築時には贈ってはいけない品物がある

相手が新生活で活用できるものを贈るとよいでしょう。

　避けたいのは、火を連想させるものです。火は火事を想像し、縁起が悪いとされています。

　また、目上の方への贈答の場合には、踏みつけるものは失礼なので避けた方がよいでしょう。

＜火を連想させる例＞

　キャンドル、ストーブ、コンロ　など

＜踏みつけるものの例＞

　スリッパ、マット、靴下、靴　など

引っ越しや新築祝いのお返しは？

　引っ越しや新築祝いをいただいたら、お返しの代わりに、お披露目として新居にお招きするとよいですね。お帰りの際、お持ちいただける手土産なども用意するとよいでしょう。

Column　　ギフトも５Ｗ３Ｈで考えてみる

　ギフトも「What＝何を贈るのか？」「When＝いつ贈るのか？」「Where＝お渡しする場所」「Why＝目的」「Who＝誰に贈るのか？」「How to＝渡し方」「How much＝どれくらいの金額のものを」「How many＝量」で、相手目線で考えていくと、相手に合わせたギフトが選べるでしょう。

98　餞別を贈る際には？

 　　　先日、お世話になった上司が退職しました。他にも退職や転勤の際、餞別を贈ることがあるのですが、正しい贈り方ができているか不安です。
　餞別の贈り方にもマナーがあるのでしょうか？

A　餞別を贈るシーン

　餞別とは、退職や転勤、転居、留学、旅行などで離れる方に、感謝と前途をお祈りして「はなむけ」として贈るお祝いを指します。

上書きは、シーンや相手の立場に合わせる

　餞別に使用する熨斗紙や、金封袋は、蝶結びを選びます。
　上書きは、贈るシーンや相手の立場に合わせて選びましょう。

退職	目上の方	御祝、御礼、祝定年退職
	同僚や後輩	御餞別、御祝、御礼、おはなむけ
	結婚退職	結び切りを使用して、祝御結婚など
転職・独立		御祝

　目上の方に贈る際には、「御餞別」は失礼に当たります。
　また、途中退職の場合には、相手の事情に配慮する必要があります。病気などでの退職の場合には、御祝などは相応しくないでしょう。
　ねぎらいと感謝の気持ちを「御礼」などで示すとよいですね。

金額の目安は？

餞別の金額相場は5,000円〜1万円程度で、関係性などに合わせて贈ります。

会社の同僚などで集まって1,000円〜3,000円程度ずつ出し合って贈るのもよいでしょう。

その方とお会いする最後の機会に、挨拶とともにお渡しできるとよいですね。

贈るものは？

品物の場合には、相手に合わせて選ぶことが大切です。贈ると失礼に当たるものもあるので、注意しましょう。

＜贈る際に注意するものの例＞

相手のこれからの生活や仕事に役立つよう想像するとよいですね。

餞別は、引っ越しや、異動などが伴うこともありますので、かさばるものは、相手のご迷惑となるケースがあります。

筆記用具などは、部下や後輩には「これからも頑張って」というエールとしてよいですが、目上の方に贈るのは失礼です。

また、現金も目上の方には避けた方がよいでしょう。

99　出産祝いを贈る際には？

 出産祝いを贈りたいと思います。
どのようなものを贈ればよいでしょうか？
気を付けるべきタイミングや贈り方はありますか？

 出産祝いのタイミング

近年では、「出産祝い」としてだけでなく、「妊娠祝い」として贈る方もいますが、相手の状況に十分配慮したいですね。

妊娠中に贈る場合

妊娠中、妊娠祝いとして贈るのであれば、安定期に入ってからにしましょう。

なお、生まれる前に贈る際には、ベビーグッズは避けてください。あくまで、妊娠期間中に役立つものにするのが基本です。

出産祝いとして贈る場合

よほど近い間柄でなければ、出産のお知らせを聞いてから出産祝いとして贈る方がよいでしょう。

タイミングは、生後7日から1か月程度の間が最適です。

生後7日目は、名前を披露する「お七夜」、生後1か月はこれからの健康を祈る「お宮参り」があり、この大きな行事の間くらいがお祝いに適しています。

お見舞いや訪問は、相手の状況に配慮して

　知らせを聞くと、お見舞いに行きたいと思うかもしれませんが、出産という大役で、お母さんは疲れています。

　母子の健康や状況に配慮して意向をご確認ください。また、伺う際には、長時間の滞在は避けてください。

出産祝いの内容は？

家族親族	1万円～3万円
友人知人	3,000円～1万円
上司・同僚	5,000円～1万円

　出産は、何度あってもうれしいお祝いですので、蝶結び水引で「御出産祝」などの上書きで贈ります。

　出産直後は、ご家族がある程度揃えているので、少し先に使えるものや、少し特別感があって、ご自身では買わないが、いただいたらうれしい下記のような品物を選ぶとよいですね。

☐　これからお子様に使えるもの
☐　母子で使用できるもの

100　お祝いをいただいた際のお返しは？

お祝いをいただいた際の、お返しはするものでしょうか？

お返しする際の、表書きや金額はどの程度がよいのでしょうか？

 お祝いをいただいたら？

お祝いをいただいたらお返しはするものです。不要な場合でも、必ず「御礼」と「報告」を忘れずにしましょう。

お返しのタイミングと相場

□　お祝いをいただいて1週間〜1か月程度の間
□　いただいた半額程度のもの

なお、目上の方が目下の方からお祝いをいただいた際には、同額程度のものをお返しする場合があります。

過分にはしすぎない程度を心掛けましょう。

お返しが不要なお祝い事

仕事関係のお祝いや、お子様の入学、卒業祝いなどには、お返しは必要ないでしょう。

ただし、丁寧なお礼や報告は行うものです。

また、相手にお祝い事があったら、必ずお祝いしたいですね。

お返しが必要なお祝いの代表例

☐ 披露宴に参加しなかった方からのお祝い
　「内祝」として1か月以内に贈る。

☐ 出産祝い
　「内祝」としてお子様の名前を入れて贈る。

「内祝」には「幸せのおすそわけ」の意味があります。

そのほか、各お祝い事の項目にも記載のとおり、お返しをしない場合にも、別の形式でお礼や報告、お披露目などをします。いただきっぱなしということはないようにしたいですね。

Column　　**そもそも熨斗って何？**

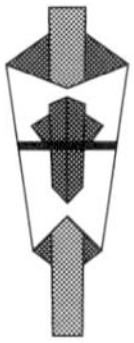

　お祝い事の話でよく出てくる「熨斗（のし）」、これが何を指すか分かりますか？

　熨斗とは、お祝い事の際、右上に付いている図のような部分。

　熨斗は、もともとアワビを薄く伸ばしたものを「生ものを付けました」という意味合いで付け、こうすることで、神様にお供えした神聖なものとした風習に由来します。「良いことが続きますように」という意味がありますので、生もの以外のお祝いにはこの熨斗が付いているのです。

○水引の種類、表書きの書き方マナー早見表
＜弔事編＞

目　的	贈る際		お返し	
	水　引	表書き	水　引	表書き
葬儀前後				
仏式	結び切り	御霊前・御香典、御香料	結び切り	志
神式		御霊前・御玉串料・御榊料		志・偲び草
キリスト教式	結び切り・品物にリボン掛	御霊前・御花料・御ミサ料		志・昇天記念
僧侶などの御礼	結び切り	御布施・御経料・志・御礼	お返しがないもの	
牧師・神父の御礼	白封筒	御花料・昇天記念献金・感謝献金		
戒名の礼	結び切り	御戒名料		
寺院など使用料		御席料		
法要など				
仏式	結び切り	御仏前・御供物料	結び切り	志
神式		御玉串料・御榊料		
キリスト教式		御花料		
僧侶などの御礼		御布施・御経料・御車代・御膳料	お返しがないもの	
納骨式		御供物料・御供・御仏前		
法要・法事	結び切り・蓮のし	志・御供		

＜慶事編＞

目　的	贈る際		お返し	
	水　引	表書き	水　引	表書き
結婚祝い	結び切り ※5×2で10本 の水引	寿・御祝・祝 御結婚	結び切り ※5×2で10本 の水引	内祝
披露宴引き出物		寿	引き出物にお返しはしない	
出産祝い	蝶結び	御祝・祝御出産・御出産祝	蝶結び	内祝
帯祝い		御祝・帯祝		内祝
誕生祝		御祝		内祝
七五三		御祝		内祝
入学		御祝		内祝
卒業		御祝		内祝
成人		御祝		内祝・寿・御礼
就職		御祝		内祝・御礼
栄転		御祝		御礼
長寿祝い		御祝・寿・賀寿		寿・内祝
結婚記念日		御祝・寿		内祝
受賞祝い		御祝・御受賞祝		内祝・寿
発表会		御祝		内祝・寿
新築・引っ越し		御祝		内祝
開店・開業		御祝・祝御開店（御開業）		内祝・開店（開業）記念

　　　　　　　　　　＜ワンポイント知識＞

冠婚葬祭の意味は？

　冠婚葬祭の正しい意味は皆様ご存じですか？

　研修や講演でこれを質問すると、「婚」と「葬」は分かるけれど、あとは分からないとおっしゃる方や、「結婚式とお葬式だけだと思っていた」という方が多いですね。

　「冠」は、もともとは元服で冠をいただいていたことに由来し、現在では成人式を指します。

　「婚」は、結婚やそれにまつわる行事。

　「葬」は、葬儀・告別式。

　「祭」は、お盆や法要などの祖先の祭礼を指します。

　冠婚葬祭は日本古来の四大礼式。人を敬う節目となる儀式なのです。

　コロナ禍では思うように儀式を行えなかった方も多いでしょう。そのような中で、後日セレモニーを改めて行う方々も増えてきました。それは、人が次のステージに進む一つの区切りやステップとして、大切な儀式だからではないでしょうか。

新しい生活様式・働き方対応 ビジネスマナー１００

令和４年１月31日　初版発行

監　修　ＮＰＯ法人
　　　　日本サービスマナー協会
　　　　理事長　　　澤　野　　弘

著　　　ＮＰＯ法人
　　　　日本サービスマナー協会
　　　　ゼネラルマネージャー講師　松原　奈緒美

発行者　新日本法規出版株式会社
　　　　代表者　　　星　　謙一郎

発行所　**新日本法規出版株式会社**

本　　社　（460-8455）　名古屋市中区栄１－23－20
総轄本部　　　　　　　　　　電話　代表　052(211)1525
東京本社　（162-8407）　東京都新宿区市谷砂土原町２－６
　　　　　　　　　　　　　　電話　代表　03(3269)2220
支　　社　札幌・仙台・東京・関東・名古屋・大阪・広島
　　　　　　高松・福岡
ホームページ　https://www.sn-hoki.co.jp/